Mathematik

ABSCHLUSS-
PRÜFUNGS-
TRAINER

Realschulabschluss
Sachsen

Erarbeitet von
Klaus Heckner, Ines Knospe und
Udo Wennekers

Die Autoren:
Ines Knospe (Goch), Klaus Heckner (Goch), Udo Wennekers (Goch)

Unter Nutzung von Inhalten von: Jens Eisoldt, Jutta Lorenz, Manuela Rohde, Marion Roscher, Hans-Ulrich Rübesamen, Stefan Schmidt, Andrea Stolpe, Christian Theuner

Projektleitung: Dr. Michael Unger, Berlin
Redaktion und Sachzeichnungen: Stefan Giertzsch, Werder (Havel)
Umschlagkonzept: ROSENDAHL BERLIN, Agentur für Markendesign
Gesamtgestaltung: Klein & Halm Grafikdesign, Berlin

Bildnachweis: S. 6: Corel Library/Cornelsen Verlag; S. 25: picture-alliance/Adam Hawalej; S. 43: Tropical Island/Pressefoto; S. 50: Shutterstock/Marcos Mesa Sam Wordley; S. 51: Shutterstock/Aneese; S. 54: Fotolia/ Tim Siegert-batcam; S. 55: Fotolia/ARochau

www.cornelsen.de

1. Auflage, 1. Druck 2018

© 2018 Cornelsen Verlag GmbH, Berlin

Druck: H. Heenemann, Berlin

ISBN 978-3-06-000580-2

PEFC zertifiziert
Dieses Produkt stammt aus nachhaltig bewirtschafteten Wäldern und kontrollierten Quellen.
www.pefc.de
PEFC/04-31-1156

Inhaltsverzeichnis

WAS ERWARTET DICH IN DER PRÜFUNG?

Liebe Schülerin, lieber Schüler,

bald ist es für dich soweit und du legst die Abschlussprüfung im Fach Mathematik ab.
Damit du weißt, was auf dich zukommt, wollen wir dir genau erklären, was dich in der Prüfung erwartet und wie du dich optimal vorbereiten kannst.

Die Abschlussprüfung besteht im Fach Mathematik aus zwei Aufgabenteilen.
Im ersten Teil werden kurze Aufgaben gestellt, in denen du meist keine aufwendigen Rechnungen und Verallgemeinerungen durchführen musst. In Teil 1 kannst du 12 Punkte erreichen.
Im zweiten Prüfungsteil sind Pflicht- und Wahlaufgaben vorhanden. Von den Wahlaufgaben muss nur eine gelöst werden. Die Pflichtaufgaben bringen maximal 30, die Wahlaufgabe 8 Punkte.
Die mathematischen Inhalte der Aufgaben können aus alle Lernbereichen des Lehrplanes für Oberschulen stammen. Sachbezüge und Zahlenmaterial sind zumeist dem Lebensumfeld in Sachsen entnommen.

In der Prüfung sollst du auch zeigen, dass du prozessbezogene Kompetenzen beherrschst. Dazu gehören beispielsweise der Umgang mit Tabellenkalkulationsprogrammen oder mit Geometriesoftware und das Entnehmen von Informationen aus Grafiken oder Texten.
Die Prüfungszeit beträgt im Fach Mathematik 4 Zeitstunden, also 240 Minuten. Hinzu kommen 15 Minuten, um die Aufgaben zu lesen und sich zu orientieren.

Als Hilfsmittel sind in beiden Prüfungsteilen Zirkel, Geodreieck und DUDEN sowie im zweiten Prüfungsteil zusätzlich eine Formelsammlung und ein wissenschaftlicher Taschenrechner zugelassen. Die Formelsammlung sollte möglichst übersichtlich sein. Außerdem solltest du die Formelsammlung im Unterricht regelmäßig benutzt haben. Gleiches gilt für den Taschenrechner.

Viel Spaß beim Training mit diesem Heft
und viel Erfolg bei der Prüfung!

WIE ARBEITEST DU MIT DIESEM HEFT?

Diese Seite informiert dich darüber, wie du dich mit diesem Heft sinnvoll auf deine Prüfung vorbereiten kannst. Wie du auf der vorherigen Seite erfahren hast, besteht die Prüfung aus zwei Teilen: der Abfrage von Basiskompetenzen im ersten Teil und komplexeren Aufgaben im zweiten Teil.
In diesem Heft lernst du durch gezielte Übungen, wie du die Aufgaben zu den Prüfungsteilen bearbeiten kannst. Darüber hinaus kannst du an konkreten Prüfungsbeispielen üben.

Zum Arbeitsheft gehört der Zugang zu einem Online-Training. Nutze dazu den Zugangscode auf Seite 1 (www.scook.de). Mit Hilfe des Online-Trainings kannst du ermitteln, was du bereits gut kannst und wo du Übungsschwerpunkte bilden solltest. Beginne mit den Themen, bei denen du die wenigsten Punkte erreicht hast.

Das Heft ist wie folgt aufgebaut:

Auf den Seiten 6 bis 47 findest du Aufgaben zu allen für die Abschlussprüfung relevanten Inhalten.
Auf der jeweils ersten Seite der einzelnen Lerneinheiten findest du Aufgaben zu den Grundfertigkeiten. Der Test zu den Grundfertigkeiten soll zeigen, wie deine Grundkenntnisse und Fähigkeiten in diesem Teilbereich der Mathematik sind.
Die Aufgaben zum Trainieren sind komplexer. Hiermit bereitest du dich auf den zweiten Teil der Prüfung vor. Bei der Zusammenstellung der Aufgaben wurden die Vorgaben, die für die Abschlussprüfung gelten, berücksichtigt.

Auf den Seiten 48 bis 59 findest du gemischte Aufgaben und Prüfungsbeispiele. Diese Aufgaben sind ähnlich aufgebaut wie die Abschlussprüfung. Du lernst dadurch Schritt für Schritt die gesamte Prüfungssituation und den Aufbau einer Prüfung kennen.

Im Trainingsplan zur Prüfungsvorbereitung auf den Seiten 60/61 kannst du deinen Lernerfolg dokumentieren. Die folgende Operatorenübersicht hilft dir, wenn du Formulierungen von Aufgaben nicht verstehst und deshalb nicht genau weißt, was du machen sollst.

Mit dem beiliegenden Lösungsteil kannst du deine Ergebnisse überprüfen und – wenn nötig – verbessern.

Zahlen

Im täglichen Leben benutzen wir sehr oft Zahlen. Wir geben mit Zahlen Anzahlen an, z. B. wie viele Schüler in einer Klasse sind, wie viele Tore geschossen wurden, wie der Punktestand beim Tennis ist ... Wir benutzen Zahlen um eine Reihenfolge festzulegen (Startnummer, Hausnummer, Tabellenplatz ...). Wir geben mit Zahlen die Uhrzeit, Geldbeträge aber auch den Weltrekord im Hochsprung an. Man kann mit Zahlen zählen, messen, ordnen und rechnen (hier alles ohne TR).

Test zu den Grundfertigkeiten

1 Schätze, wie viele Vögel zu sehen sind.

A ca. 120 Vögel   B ca. 580 Vögel
C ca. 200 Vögel   D ca. 700 Vögel

(C ist eingekreist)

2 In welchen Abbildungen sind 5 Mio. markiert?

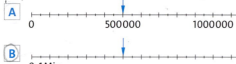

A *(Zahlenstrahl 0 – 500000 – 1000000, Pfeil bei 500000)*

B *(Zahlenstrahl 0 – 1 Mio, Pfeil eingekreist)*

C *(Zahlenstrahl 0 – 5 Mrd)*

D *(Zahlenstrahl 0 – 250000)*

3 Wie viele dreistellige natürliche Zahlen kann man mit den Ziffern 5, 7 und 9 bilden, wenn jede nur einmal verwendet werden darf?

A 2   B 4
C 6   D 8

(C ist eingekreist)

4 Notiere die Rundungsregeln. *4 – 0 abrunden / 5 – 9 aufrunden*

5 Die Zahl 199 941 auf die Tausenderstelle gerundet ergibt?

A 200 000   B 199 000
C 199 900   D 209 000

(A ist eingekreist)

6 Notiere alle gemeinsamen Teiler von 40 und 36. *1, 2, 4*

7 Markiere die wahren Aussagen.

a)
A $0,7 = 0,070$ B $0,005 = 0,0050$
C $2,58 = 2,5080$ D $0,105 = 0,1005$

b)
A $\frac{4}{10} = 4,10$ B $\frac{4}{10} = 0,4$
C $\frac{4}{10} = 0,40$ D $\frac{248}{100} = 0,284$

c)
A $\frac{3}{5} < 3,5$ B $\frac{660}{6000} = 0,11$
C $\frac{70}{250} > 0,28$ D $\frac{14}{70} = 0,200$

8 Wie groß ist die Hälfte von $\frac{1}{4}$?

A $\frac{1}{2}$ B $\frac{1}{8}$
C $\frac{2}{4}$ D $1,2$

(B ist eingekreist)

9 Welche Aussagen sind wahr?

A $\pi \approx 1,34$ B $1,6 = 1\frac{3}{5}$
C $7\frac{2}{3} \approx 7,67$ D $1,4 = \frac{1}{4}$

(B ist eingekreist)

10 Welche Umformungen führen zum richtigen Ergebnis?

A $12 \cdot (-8) \cdot 12,5 \cdot 25 \cdot (-4) = 120\,000$

B $17 \cdot 19 - 23 \cdot 19 = (17 + 23) \cdot 19 = 40 \cdot 19 = 760$

C $-8 : 2 - 28 : 2 = (-8 - 28) : 2 = -36 : 2 = -18$

D $50,86 \cdot \left(-\frac{1}{2}\right) - 0,86 \cdot \left(-\frac{1}{2}\right) = \left(-\frac{1}{2}\right) \cdot (50,00) = -25$

11 Bei welchem Rechenausdruck ist das Ergebnis −39?

A $3 \cdot (-8) - 5 \cdot (-8)$ B $3 \cdot (-8) - 3 \cdot 5$
C $(-3) \cdot (-8) + 5 \cdot (-8)$ D $3 \cdot (-8) + 5 \cdot (-8)$

11 Aufgaben sind richtig. Deine Grundfertigkeiten sind gut.
8 bis 10 Aufgaben sind richtig. Deine Grundfertigkeiten sind befriedigend.
Weniger als 8 Aufgaben sind richtig. Deine Grundfertigkeiten sind noch nicht ausreichend.

Aufgaben zum Trainieren

Aufgabe 1

Löse die Aufgabe ohne die Verwendung von Hilfsmitteln.

a) Setze sinnvoll fort.

- $1 - \frac{1}{2} + \frac{1}{4} - \frac{1}{8} + \frac{1}{16} + \frac{1}{32} + \frac{1}{64}$
- 0; 3; 8; 15; 24; ____ ____ ____

b) Ordne der Größe nach. Beginne mit dem kleinsten Wert.

- $\frac{1}{3}$; $1\frac{1}{5}$; $\frac{3}{2}$; 0,5; 0,3; $1,\overline{5}$; $1,\overline{3}$
- 3^2; 2^3; 3^0; 3^{-1}; 3^{-2}; 2^{-3}; 2,3; 3,2
- $3 \cdot 10^{-2}$; 0,33; $\sqrt[3]{27}$; $3 \cdot 10^2$; $\sqrt{27}$

c) Ergänze je drei rationale Zahlen.

- $-\frac{1}{2} <$ ____ $<$ ____ $<$ ____ $< \frac{1}{2}$
- $-121 <$ ____ $<$ ____ $<$ ____ $< -120,9$
- $-0,001 <$ ____ $<$ ____ $<$ ____ $< 0,001$

d) Berechne entsprechend der Tabelle

a	b	$a+b$	$a-b$	$a \cdot b$	$a : b$
0,5	$\frac{1}{2}$				
$-\frac{1}{4}$	$\frac{1}{10}$				
$-\frac{2}{3}$	$-\frac{3}{18}$				

e) Berechne und beachte die Regeln.

- $((-2)^3 - 27) : 7 - [-21 - (-16 + 31)]$
- $-67 - [4^3 - 8 \cdot (-13) + 13]$
- $3,05 - \left[\frac{49}{60} : \left(-\frac{1}{3} - \frac{5}{6}\right)\right] : \left(-\frac{14}{25}\right) - 1,75$

f) Kai denkt sich eine Zahl. Bildet er den Kehrwert dieser Zahl und multipliziert ihn mit der Differenz der Zahlen −5 und −9, so erhält er −2. Welche Zahl hat sich Kai gemerkt?

Aufgabe 2

In Dresden lebten im Dezember 2016 ca. 553 036 Menschen. Das Diagramm zeigt die Einwohnerzahlen der drei bevölkerungsreichsten Stadtteile Dresdens.

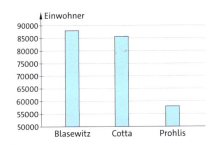

a) Gib an, wie viele Einwohner im Dezember 2016 in Blasewitz und wie viele in Prohlis lebten.

b) Wodurch erweckt das Diagramm den Eindruck, dass in Blasewitz fast fünfmal so viele Menschen lebten wie in Prohlis?
Zeichne ein Diagramm, das nicht zu einer derartigen Fehlinterpretation verleitet.

c) Wie viele Einwohner von Dresden lebten außerhalb dieser drei bevölkerungsreichsten Stadtteile?

Aufgabe 3

Die folgende Tabelle zeigt für vier deutsche Städte die Tageshöchsttemperarturen von vier aufeinanderfolgenden Wintertagen.

	14. 2.	15. 2.	16. 2.	17. 2.		vom 17. 2. auf den 18. 2.
Stuttgart	−3 °C	−4 °C	−1 °C	+2 °C	sinkt um …	−5,5 K
München	−5 °C	−4 °C	2 °C	1 °C	steigt um …	3,5 K
Dresden	−9 °C	−5 °C	0 °C	−1 °C	steigt um 6,5 K	
Leipzig	−8 °C	−9 °C	−3 °C	−4 °C	sinkt um 5,5 K	

a) Wo war es am (14. 2–17. 2.) jeweils am wärmsten und wo am kältesten?

b) An welchen der vier Tage war es in Stuttgart, München, Dresden, Leipzig jeweils am wärmsten und wann am kältesten?

c) Fülle die letzte Spalte für den 18. 2. aus.

d) Welche Stadt weist den geringsten Temperaturunterschied, welche den höchsten Temperaturunterschied auf?

e) Übertrage die Temperaturwerte für jeden Ort in ein Diagramm.

Größen

Jede Größenangabe besteht aus Zahlenwert und Einheit. Man verwendet vor allem SI-Einheiten wie z. B. Meter. SI steht für internationales Einheitensystem. Jede Länge (Erdumfang, Dicke eines Haars, ...) kann damit in Verbindung mit einer Zahl angegeben werden. Zahlen werden bekanntlich auch ohne Einheiten verwendet.

Test zu den Grundfertigkeiten

1 Bei welchen Einheiten verwendet man folgende Vorsätze? Kilo ... für Tausend; Dezi ... für Zehntel; Milli ... für Tausendstel

A ⃝ Meter   B Tonne

C Stunde   D ⃝ Gramm

2 Markiere die wahren Aussagen.

a)

A ⃝ $4\,kg = 4000\,g$ B $0,75\,m = 75\,mm$

C $1,5\,h = 150\,min$ D ⊗ $400\,cm^2 = 4\,m^2$

b)

A ⃝ $1,4 \cdot 10^3\,g = 1,4\,kg$ B ⃝ $1,7 \cdot 10^3\,kg = 1700\,kg$

C ⃝ $6 \cdot 10^6\,mm = 6\,km$ D $1,5 \cdot 10^{-3}\,m = 1500\,mm$

3 Runde auf Hundertstel.

A $9,789\,kg \approx 9,79\,kg$ B $5,475\,m \approx 5,48\,m$

C $0,999\,m^2 \approx 1,00\,m^2$ D $6,809\,t \approx 6,80\,t$

4 Rechne um und runde auf Einer.

A $31899\,mm \approx 31\,m$ B $6789\,s \approx 19\,h$

C $8700\,h \approx 1\,Jahr$ D $43210\,g \approx 43\,kg$

5 Setze jeweils eine passende Einheit ein.

a) Elefant Kalam wiegt 4 _Tonnen_

b) Ein Klassenraum ist 15 _m_ lang.

6 Schätze die Größe dieser Doppelseite 8/9.

A ca. $125\,cm^2$ B ⃝ ca. $1250\,cm^2$

C ⃝ ca. $12,5\,dm^2$ D ca. $125\,dm^2$

7 Runde auf volle Kilogramm.

A ⃝ $2\frac{1}{2}\,kg + 450\,g \approx 3\,kg$ B $10\,kg - 3\frac{3}{4}\,kg \approx 7\,kg$

C ⃝ $1\,t - 995,75\,kg \approx 4\,kg$ D $1600\,kg - \frac{1}{2}\,t \approx 1,1\,kg$

8 Berechne in g.

A $10^3\,kg - 10^2\,kg = 10\,kg$ B $\frac{5}{8}\,kg = 625\,g$

C $\frac{6}{8}\,kg = 680\,g$ D $\frac{5}{50}\,kg = 100\,g$

9 Gib als Bruchteil von 1 kg an.

A $125\,g = \frac{1}{8}\,kg$ B $375\,g = \frac{3}{8}\,kg$

C $500\,g = \frac{4}{8}\,kg$ D $750\,g = \frac{6}{8}\,kg$

10 Berechne die Zeitspanne in Sekunden.

A $\frac{3}{5}\,min = 35\,s$ B $\frac{5}{20}\,min = 24\,s$

C $\frac{2}{3}\,min = 3\,s$ D $\frac{15}{30}\,min = 30\,s$

11 Gib die Zeitspanne an.

A $\frac{4}{20}\,h = 12\,min$ B $\frac{1}{3}\,Jahr = 3\,Monate$

C $\frac{1}{6}\,h = 6\,min$ D $\frac{3}{5}\,min = 36\,s$

12 Gib als Bruchteil in der angegebenen Einheit an.

A $15\,s = \frac{1}{4}\,min$ B $50\,min = \frac{5}{6}\,h$

C $1\,s = \frac{1}{3600}\,h$ D $6\,min = \frac{6}{10}\,h$

13 Welches Zeichen (<; =; >) ist richtig?

A $\frac{3}{4}\,h < 50\,min$ B $1\frac{3}{4}\,h = 90\,min$

C $\frac{5}{4}\,h > 1\,h$ D $1\frac{1}{2}\,Tage < 40\,h$

14 Ein Rechteck mit $A = 240\,cm^2$ kann folgende Seitenlängen haben:

A $a = 24\,cm; b = 10\,cm$ B $a = 1\,dm; b = 24\,mm$

C $a = 80\,cm; b = 30\,mm$ D $a = 12\,cm; b = 12\,cm$

13 bis 15 Aufgaben sind richtig. Deine Grundfertigkeiten sind gut.
10 bis 12 Aufgaben sind richtig. Deine Grundfertigkeiten sind befriedigend.
Weniger als 10 Aufgaben sind richtig. Deine Grundfertigkeiten sind noch nicht ausreichend.

Aufgaben zum Trainieren

Aufgabe 1

Löse die folgenden Aufgaben. Nimm gegebenenfalls das Tafelwerk zu Hilfe.

a) Ordne nach Größenangaben mit Einheiten der Zeit, der Masse, des Geldes, der Länge, der Fläche und des Volumens. Rechne – sofern möglich – jeweils in die nächstgrößere Einheit um.

20 dm;	6 h;	780 m;
280 cm^3;	4 s;	250 g;
60 000 ct;	500 kg;	100 cm;
1800 cm^2;	25 ml;	25 min;
95 mg;	540 mm;	4 a;
7,85 mm^3;	3,50 €	

b) Ordne. Beginne mit dem kleinsten Wert.

- 0,5 s; $\frac{3}{4}$ min; 40 s; $\frac{3}{4}$ Jahr; 8 Monate; $\frac{3}{4}$ h; 50 Wochen
- 3375 ml; $4\frac{1}{4}$ l; 0,01 hl; $3\frac{1}{2}$ l

c) Setze passende Größenangaben aus Teilaufgabe a) ein.

- Die durchschnittliche Zeit zwischen zwei Atemzügen bei Menschen beträgt etwa …
- Die Masse dieses Arbeitsheftes mit beigelegten Lösungen beträgt etwa …
- Wenn zwei bis drei Schachteln pro Woche geraucht werden, betragen die Kosten für Zigaretten im Jahr etwa …
- Viele Türen von Räumen sind etwa … hoch.
- Für die Herstellung eines Fußballs werden mindestens … Leder benötigt.
- Fast jeder besitzt eine große Tasse mit einem Volumen von etwa …

Aufgabe 2

Lass dich nicht durch unterschiedliche Schreibweisen verwirren.

a) Bestimme jeweils das Ergebnis.

- 0,7 kg + 275 g + 3000 mg = … g
- 0,4 km + 36 m – 15 cm = … m
- Faultier: $0{,}146\,\frac{km}{h} \approx …\,\frac{m}{s}$
- 65 000 000 km · 360 = … · 10^{10} km

b) Berechne

- $1\frac{3}{4}$ h : 5 = … min
- $1\frac{1}{2}$ l : 6 = … l
- $5\frac{1}{2}$ m^2 : $\frac{11}{10}$ m = …
- $9\frac{1}{2}$ kg : $\frac{1}{2}$ kg = …

Aufgabe 3

Die Internationale Raumstation ISS ist eine bemannte Raumstation, die in internationaler Kooperation betrieben und ausgebaut wird. Die ISS befindet sich seit Ende des letzten Jahrtausends im Bau und ist derzeit das größte künstliche Objekt im Erdorbit. Sie kreist in ca. 330 km bis 400 km Höhe in etwa 90 min um die Erde mit einer Masse von 400 t.

a) Die Gesamtkosten betragen 110 Milliarden Dollar. Berechne die Gesamtkosten in Euro. (1 Dollar = 0,9345 €, Stand: März 2017)

b) Durch ihre große Spannweite (108,60 m) glänzt die ISS mitunter in den Abendstunden als „neuer Stern" am Himmel. Wie oft umrundet sie die Erde an einem Tag?

c) Die ISS umkreist die Erde mit rund $28\,000\,\frac{km}{h}$. Wie viel km hat sie nach 2 Umkreisungen (nach 16 Umkreisungen) zurückgelegt?

d) Mit Raumfähren werden die einzelnen Bauteile zur ISS geflogen. Ein Versorgungsraumschiff transportiert im Durchschnitt 12,5 t. Wie viele Flüge wurden benötigt?

Aufgabe 4

Im Zirkus „Rucoli" sind die Sitze in Kreisen um die Manege angeordnet. Der erste Kreis direkt an der Manege hat 49 Sitze. Die folgenden Kreise haben jeweils 6 Plätze mehr: Der zweite Kreis besteht also aus 55 Sitzen, der dritte aus 61 usw. Insgesamt sind es 12 Sitzkreise.
Die Karten für die ersten 5 Sitzkreise kosten jeweils 6,50 € pro Person. Alle anderen kosten 5,25 € pro Person.

a) Bestimme die Anzahl aller Sitzplätze im Zirkus „Rucoli".

b) Wie viel Euro werden bei einer ausverkauften Vorstellung eingenommen?

Prozentrechnung

Prozentangaben werden häufig genutzt, um Verteilungen oder Anteile anzugeben. Kenntnisse zur Prozentrechnung sind dadurch in vielen Zusammenhängen anzuwenden. Zahlreiche dieser Aufgaben lassen sich schnell mithilfe der Grundgleichung der Prozentrechnung lösen. Sie steht im Tafelwerk.

Test zu den Grundfertigkeiten

1 Notiere die entsprechenden Brüche.

A $1\% = \dfrac{1}{100}$ B $100\% = 1$

C $40\% = \dfrac{40}{100} \, 0.\dfrac{2}{5}$ D $5\% = \dfrac{5}{100} \, 0.\dfrac{1}{20}$

i kürzen!

2 In welchen Abbildungen sind 25% blau?

A 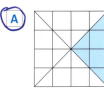   B

C 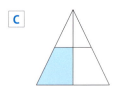   D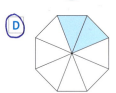

3 Notiere die Grundgleichung der Prozentrechnung.

$$\dfrac{W}{P} = \dfrac{G}{100}$$

4 Auf welche Schule beziehen sich die jeweiligen Aussagen a) bis c)?

Schule	Schülerinnen und Schüler	Aussage
Hertz	800	
Einstein	600	a)
Fontane	700	c)
Adenauer	400	b)

a) 20% der Schülerinnen und Schüler tragen Zeitungen aus. Das sind 120 Jugendliche.

b) 10% kommen mit dem Bus zur Schule. Das sind 40 Schülerinnen und Schüler.

c) 350 Mädchen, das sind 50% der Schülerschaft.

5 Wie viel Prozent sind 35 kg von 700 kg?

A   0,5%   B   5 kg

C   5%   D   50%

6 75 m sind ...

A   5% von 1500 m   B   20% von 375 m

C $\frac{1}{5}$ von 300 m   D   120% sind 90 m

7 Ein Shirt kostet 50 €. Der Preis wird um 100% erhöht und dann im Schlussverkauf um 100% gesenkt. Das Shirt kostet dann?

A   50 €   B   0 €

C   1 €   D   100 €

8 Alle Preise wurden um 15% gesenkt. Wie teuer war die Hose, die heute 46,75 € kostet?

A   39,74 €   B   61,75 €

C   53,76 €   D   55,00 €

9 Max hatte eine Münze für 5,00 € gekauft und diese für 12,00 € verkauft. Wie hoch ist sein Gewinn?

A   140%   B   240%

C   41,6%   D   71,4%

10 Die Kanten eines Würfels werden verdoppelt. Auf das Wievielfache steigt das Volumen?

A   200%   B   400%

C   600%   D   800%

11 Welche blau angegebenen Ergebnisse stimmen?

	Prozentwert	Grundwert	Prozentsatz
A	517	826	6,2
B	4,35	45,79	9,5
C	8,00	68,4	11,7
D	74	6,5	113,8

9 bis 11 Aufgaben sind richtig. Deine Grundfertigkeiten sind gut.
7 bis 8 Aufgaben sind richtig. Deine Grundfertigkeiten sind befriedigend.
Weniger als 7 Aufgaben sind richtig. Deine Grundfertigkeiten sind noch nicht ausreichend.

Aufgaben zum Trainieren

Aufgabe 1

Paula erhält als Auszubildende ein Bruttogehalt von 689,00 €. Davon werden die Sozialabgaben abgezogen. Sie berechnet das Nettogehalt, um zu ermitteln, wie viel Euro ihr monatlich zur Verfügung stehen.

Bruttogehalt	689,00 €
Abzüge	
Pflegeversicherung (2 %)	− 13,78 €
Krankenversicherung (8,2 %)	− 56,50 €
Arbeitslosenversicherung (1,4 %)	− 9,65 €
Rentenversicherung (ca. 10 %)	− 68,90 €
Nettogehalt	540,17 €

a) Gib den prozentualen Anteil des Beitrags für die Krankenversicherung vom Bruttogehalt an.

b) Berechne Paulas monatliches Nettogehalt.

c) In einem Internetforum steht: „Auszubildenden werden monatlich ca. 20 % vom Bruttogehalt für Sozialabgaben abgezogen." Bewerte diese Aussage.

d) Wer jährlich mehr als 9000,00 € netto verdient, hat Lohnsteuer zu zahlen. Muss Paula Lohnsteuer abführen?

Aufgabe 2

a) Wie viel Milliliter Alkohol sind
   (1) in einem Glas Whisky (40 ml) → 16 ml
   (2) in einem Glas Bier (300 ml) enthalten. Vergleiche. − 15 ml

b) Von den rund 148,9 Mio. km² Festland der Erde entfallen auf Europa rund 9,9 Mio. km². Wie viel Prozent der Festlandfläche sind das?

c) Bronze ist eine Legierung, die im Wesentlichen aus Kupfer und Zinn besteht.
   (1) Wie viel Bronze könnte man aus 450 kg Kupfer und 110 kg Zinn herstellen, wenn die Legierung 86 % Kupfer enthalten soll?
   (2) Wie viel Bronze könnte man aus 500 kg Kupfer und 90 kg Zinn herstellen, wenn der Kupfergehalt 82 % und der Zinngehalt mindestens 16 % enthalten soll?

Aufgabe 3

Drei Reisebüros hatten zu Beginn der Saison ein und dieselbe Flugreise zum gleichen Preis im Angebot. Diese kostete zunächst 1000,00 €. Das Reisebüro „Sunfly" senkte den Preis der Flugreise zu Saisonende erst um 2 %, dann noch einmal zur Nachsaison um 8 %. Das Reisebüro „Urlaub + Reisen" verminderte den Preis erst um 4 % und dann noch einmal um 6 %. Bei „City-Reisen" wurde zweimal um 5 % reduziert.

a) Vergleiche die Preisangebote der drei Reisebüros nach der zweiten Preissenkung.

b) Diese Flugreise wurde für zwei Personen bei „Sunfly" zu unterschiedlichen Zeiten gebucht. Berechne alle möglichen Preisdifferenzen.

c) Veranschauliche die Preisentwicklung bei „Sunfly" in einem Säulendiagramm.

d) Der Preis einer Reise wird bei „Urlaub + Reisen" von 1240,00 € auf 830,00 € gesenkt. Wie viel Prozent Preisnachlass werden damit gewährt?

Aufgabe 4

Die Tabellen geben an, welche Farben die im Jahr 2015 neu zugelassenen Pkw hatten.

Farbe	Anzahl der Pkw	Farbe	Anzahl der Pkw
rot	211151	grau	921692
blau	335161	schwarz	914989
weiß	713892	sonstiges	254722

a) Wie viele Pkw wurden im Jahre 2015 insgesamt neu zugelassen?

b) Gib in Prozent den Anteil jeder Farbe von allen Pkw-Neuzulassungen an.

c) Stelle die Angaben in einem Kreisdiagramm dar. Nutze ein Programm zur Tabellenkalkulation oder Geodreieck und Zirkel.

Zinsrechnung

Die Zinsrechnung ist eine Anwendung der Prozentrechnung bezogen auf den Geldverkehr und unterscheidet sich nur durch die Einführung der Zeit als neuen Wert. Im Allgemeinen wird der Zinssatz für die Zeitdauer von einem Jahr angeben Zahlreiche dieser Aufgaben lassen sich schnell mithilfe der Grundgleichung der Zinsrechnung lösen. Sie steht im Tafelwerk. Die aktuellen Zinssätze liegen unter den in den Aufgaben verwendeten.

Test zu den Grundfertigkeiten

1 Die Begriffe aus der Prozentrechnung (Tabellenkopf) erhalten einen neuen Namen. Wo wurden die Begriffe einander richtig zugeordnet?

	Grund-wert	Prozent-satz	Prozent-wert	
A	Zinsen	Kapital	Zinssatz	Anlagezeit
B	Zinssatz	Zinsen	Kapital	Anlagezeit
C	Kapital	Zinssatz	Zinsen	Anlagezeit
D	Kapital	Zinsen	Zinssatz	Anlagezeit

(C ist umkreist)

2 Berechne für eine Anlagedauer von 1 Jahr im Kopf. Welche Aussagen sind wahr?

A Kapital 22 500 €; Zinssatz 4 %; 900 € Zinsen (umkreist)

B Zinsen 27 €; Zinssatz 3 %; 900 € Kapital (umkreist)

C Zinssatz 12 %; Zinsen 300 €; 250 € Kapital

D Kapital 1500 €; Zinsen 45 €; Zinssatz 9 %

3 Berechne im Kopf. Welche Aussagen sind wahr?

A Zinsen auf 2000 € zu 1 % für $\frac{1}{2}$ Jahr: 20 €

B Zinsen für $\frac{1}{3}$ Jahr auf 3000 € bei 5 %: 30 €

C Zinsen für 4 Monate auf 8000 € mit 2 %: 40 €

D Zinsen auf 20 000 € pro Monat bei 3 %: 50 € (umkreist)

4 Notiere die Grundgleichung der Zinsrechnung.

$$Z = \frac{K \cdot p\%}{100} \quad (\text{Jahreszins})$$
$$\text{Zins pro Jahr}$$

5 Wie lautet die korrekte Formel zur Berechnung der Tageszinsen?

A $Z = \frac{K \cdot p}{100} \cdot \frac{t}{365}$

B $Z = \frac{K \cdot p}{100} \cdot \frac{360}{t}$

C $Z = \frac{K \cdot p}{100} \cdot \frac{t}{360}$ (umkreist)

D $Z = \frac{K \cdot 100}{p} \cdot \frac{t}{360}$

6 Das Haus der Familie Schmidt ist mit einer Hypothek belastet. Sie bezahlen monatlich 637,50 € bei einem Zinssatz von 3,5 %. Wie hoch ist die Hypothek?

A 7650 €   B 2185,71 €

C 18 214 €   D 218 572 €

7 Ein Guthaben von 8800 € wird für 118 Tage zu einem Zinssatz von 3 % fest angelegt. Wie viel Zinsen fallen an?

A 88,71 €   B 85,34 €

C 83,65 €   D 86,53 € (umkreist)

8 Ein Guthaben von 22 000 € wird für 8 Monate zu einem Zinssatz von 2 % fest angelegt. Wie hoch ist dann das Guthaben?

A 22 301,23 €   B 22 290,21 €

C 22 293,33 € (umkreist)   D 22 297,88 €

9 Bei einer Verzinsung mit 5 % p. a. wächst ein Kapital in einem Jahr auf 21 000 €. Wie groß war es vorher?

A 20 000 € (umkreist)   B 19 950 €

C 15 000 €   D 10 500 €

10 Welche blau angegebenen Ergebnisse stimmen?

	Kapital	Zinssatz	Anlagezeit	Zinsen
A	2880,00 €	5 % p. a.	50 Tage	20,00 €
B	160,00 €	1,8 % p. a.	3 Monate	7,20 €
C	576,00 €	1,5 % p. a.	3 Jahre	25,92 €
D	495,75 €	2 % p. a.	9 Monate	7,44 €

(A, C und D sind umkreist)

---

8 bis 10 Aufgaben sind richtig. Deine Grundfertigkeiten sind gut.
6 bis 7 Aufgaben sind richtig. Deine Grundfertigkeiten sind befriedigend.
Weniger als 6 Aufgaben sind richtig. Deine Grundfertigkeiten sind noch nicht ausreichend.

Aufgaben zum Trainieren

Aufgabe 1

Berechne die fehlenden Werte.

Kapital	820 €	7900 €	7200 €	25 000 €			6000 €	4250 €
Zinssatz	5 %	12 %			5 %	2,2 %	8 %	12 %
Zinsen			90 €	100 €	140 €	120 €	48 €	12 €
Zeit	9 Monate	258 Tage	3 Monate	10 Tage	252 Tage	$\frac{1}{4}$ Jahr		

Aufgabe 2

Geld kann man für eine bestimmte Zeit leihen, verleihen oder aber sparen.

a) Frau Kaufrausch nimmt ein Darlehen in Höhe von 15 700 € auf. Der Jahreszinssatz beträgt 5,5 %. Wie hoch sind die Jahreszinsen für ein Kalenderjahr?

b) Herr Meier borgt sich von Herrn Jansen 4500 €. Herr Jansen verlangt nach einem Jahr 5500 € zurück. Wie hoch ist der Zinssatz bei diesem Darlehen (Kredit)?

c) Wie hoch ist der Zinssatz für das Angebot aus einer Zeitungsanzeige?

Günstiges Angebot
Für 10 000 € zahlen Sie nur 150 € Zinsen monatlich.

d) Frau Clever überzieht ihr Konto mit 6 500 €. Der Überziehungskredit der Bank wird mit einem Zinssatz von 12,5 % pro Jahr verzinst. Wie hoch sind die Zinsen, die Frau Clever zahlen muss, nach einem Zeitraum von 4 Monaten und 12 Tagen?

e) Am Ende eines Jahres erhält Leonie 1200 € von ihrer Oma auf ihr Konto, dass mit 2 % verzinst wird.
 (1) Berechne die gesamten Zinsen für ein Jahr und den Sparbetrag einschließlich Zinsen am Jahresende.
 (2) Auf welchen Betrag ist das Konto angewachsen, wenn die Oma 18 Jahre einzahlt?

Aufgabe 3

Der Familienbetrieb Janke plant die Anschaffung eines Autos im Wert von 12 000,00 €. Dieses Auto wird für drei Jahre benötigt. Es stehen für diesen Zeitraum drei Finanzierungsmodelle zur Wahl.
Angebot A: Kreditkauf mit einer Anzahlung von 30 % des Kaufpreises, 36 Raten zu je 270,00 € und ein nach 3 Jahren vereinbarter Wiederverkauf für 5500,00 €
Angebot B: Barkauf mit 2 % Skonto und ein nach 3 Jahren angestrebter Wiederverkauf für 5500,00 €
Angebot C: Leasing für 3 Jahre mit Zahlung von 40 % des Kaufpreises und 36 Zahlungen zu je 110,00 €

a) Wie viel Euro würde das Auto den Familienbetrieb insgesamt jeweils am Ende der drei Jahre gekostet haben? Berücksichtige sowohl den Kaufpreis als auch den angestrebten Wiederverkaufspreis.

b) Familie Janke möchte aufgrund finanzieller Engpässe im ersten Jahr möglichst wenig Geld für das Auto ausgeben.
Welches Angebot ist dann empfehlenswert?

Aufgabe 4

Jochen und Frau Müller haben jeweils ein Guthaben. Beide legen das Geld für ein paar Jahre an.

Jochen will sich in Aktien probieren. Er will 5000 € für 3 Jahre an der Börse anlegen. Er hofft auf eine Rendite von 8 % pro Jahr.

a) Wie viel hat er nach 3 Jahren, wenn seine Vermutung zutrifft?

b) Wie viel Geld hat er, wenn er statt Gewinn jährlich 8 % Verlust macht?

Frau Müller hat im Lotto gewonnen. Sie möchte sich ein Auto kaufen. Für den Autokauf sollen in 5 Jahren 30 000 € zur Verfügung stehen.

c) Welchen Betrag müsste man dafür jetzt zu 3 % anlegen?

d) Vergleiche deine Rechnung mit einem Tabellenkalkulationsprogramm.

Potenzen und Wurzeln

Potenzen spielen in den Wissenschaften eine wichtige Rolle. Um sehr große bzw. kleine Zahlen darzustellen, trennt man oft Zehnerpotenzen ab. Die mittlere Entfernung von der Erde zur Sonne beträgt z. B. rund $1,496 \cdot 10^8$ km. Ein Produkt aus gleichen Faktoren wie $10 \cdot 10 \cdot 10 \cdot 10 \cdot 10 \cdot 10 \cdot 10$ kann man als Potenz schreiben: 10^8.

Test zu den Grundfertigkeiten

1 Welche Umformungen sind richtig?
Nutze notfalls das Tafelwerk.

A $10^3 \cdot 10^5 = 10^{15}$ B $10^3 : 10^4 = 10^{-1}$

C $5^8 \cdot 2^8 = 10^8$ D $10^5 : 10^5 = 10^1$

2 Bestimme mithilfe des Taschenrechners die wissenschaftliche Schreibweise (normierte Schreibweise) von $3\,041\,000\,000$.

A $30,41 \cdot 10^8$ B $3,041 \cdot 10^9$

C $3041 \cdot 10^6$ D $3,041 \cdot 10^{-9}$

3 Die Masse eines Wasserstoffatoms beträgt rund $1,66 \cdot 10^{-24}$ g.
Wie viele Atome sind etwa in 1 g Wasserstoff?

A $8,34 \cdot 10^{-24}$ B $8,34 \cdot 10^{23}$

C $1,66 \cdot 10^{-24}$ D $6,0241 \cdot 10^{23}$

4 Welche Funktionsgleichung ist eine Potenzfunktion?

A $y = x^2$ B $y = x$

C $y = x^{\frac{1}{2}}$ D $y = x^3$

5 Welche Umformungen sind richtig?
Rechne ohne Taschenrechner nach.

A $\dfrac{\sqrt{27}}{\sqrt{3}} = 9$ B $\dfrac{\sqrt{27}}{\sqrt{3}} = \sqrt{\dfrac{27}{3}}$

C $\sqrt{7} \cdot \sqrt{3} \cdot \sqrt{21} = 21$ D $\sqrt{7} \cdot \sqrt{3} \cdot \sqrt{21} = \sqrt{21^2}$

6 Berechne im Kopf?

A $\sqrt[4]{16}$ B $\sqrt[3]{8^2}$

C $\sqrt{10^3}$ D $\dfrac{1}{\sqrt{36}}$

7 Welche Umformungen sind richtig?

A $(4^5)^3 = 4^8$ B $2 \cdot 4^3 + 5 \cdot 4^3 = 7 \cdot 4^3$

C $\left(\dfrac{2}{3}\right)^4 = \dfrac{16}{18}$ D $\left(\left(\dfrac{2}{5}\right)^4\right)^{-4} = \dfrac{2}{5}$

8 Welche der Terme sind gleichwertig zu 4^8?

A $4 \cdot 4 \cdot 4 \cdot 4 \cdot 4 \cdot 4^3$ B $4^2 \cdot 4^2 \cdot 4^2$

C $2^2 \cdot 2^6$ D $4^2 \cdot 4^6$

9 Welche der Terme sind gleichwertig zu 3^7?

A $3^2 : 3^4$ B $3^{10} : 3^3$

C $3^5 : 3^{-2}$ D $3^{10} : 3^1 : 3^2$

10 Notiere die gesuchten Exponenten. Die Summe aller gesuchten Exponenten ist 2.

A $2^x = 16$ $x = \underline{\hspace{1cm}}$ B $\left(\dfrac{1}{4}\right)^x = \dfrac{1}{64}$ $x = \underline{\hspace{1cm}}$

C $6^x = \dfrac{1}{216}$ $x = \underline{\hspace{1cm}}$ D $10^x = \dfrac{1}{100}$ $x = \underline{\hspace{1cm}}$

11 Welche Umformungen sind richtig?

A $2^{-3} = \dfrac{1}{8}$ B $0,1^{-2} = 10$

C $1^{-2} = -2$ D $10^{-3} = \dfrac{1}{1000}$

12 Ordne nach der Größe.
Nutze dabei keine Hilfsmittel.
$2^{-3};\quad 2^3;\quad 3^2;\quad 3^{-2}$

A $2^{-3} < 2^3 < 3^2 < 3^{-2}$ B $2^{-3} < 3^{-2} < 3^2 < 2^3$

C $3^{-2} < 2^{-3} < 2^3 < 3^2$ D $3^{-2} < 2^{-3} < 3^2 < 2^3$

13 Welche Umformung ist richtig?

A $100\,\text{ml} = 10^{-1}\,\text{l}$ B $50\,\text{ns} = 5 \cdot 10^{-9}\,\text{s}$

C $3,5\,\mu\text{m} = 3,5 \cdot 10^{-9}\,\text{m}$ D $10\,\text{pF} = 1 \cdot 10^{11}\,\text{F}$

14 Welche Terme sind gleichwertig zu 1?

A 2^1 B $\dfrac{2^5}{2^5}$

C 2^0 D 2^{5-5}

12 bis 14 Aufgaben sind richtig. Deine Grundfertigkeiten sind gut.
9 bis 11 Aufgaben sind richtig. Deine Grundfertigkeiten sind befriedigend.
Weniger als 9 Aufgaben sind richtig. Deine Grundfertigkeiten sind noch nicht ausreichend.

Aufgaben zum Trainieren

Aufgabe 1

Vereinfache ohne Verwendung von Hilfsmitteln so weit wie möglich.

a) $\dfrac{36x^3}{21z^7} \cdot \dfrac{35z^2}{18x^6}$
b) $\dfrac{x^{-4}}{(2y)^{-3}}$
c) $\sqrt{\sqrt[3]{10^6}} + \sqrt{\dfrac{49}{64}} - \sqrt{\dfrac{121}{10^4}}$
d) $\sqrt{0{,}25 - 0{,}16} + \sqrt[3]{27}$
e) $\dfrac{(a^2 \cdot b)^3}{(5a^3 \cdot b)^2}$
f) $\left(\dfrac{5y^2}{2x^2}\right)^4 \cdot \left(\dfrac{6x}{10y}\right)^4$

Aufgabe 2

Löse die folgenden Sachaufgaben.

a) Faltet man ein Blatt Papier 3-mal jeweils auf die Hälfte zusammen, so ist das zusammengefaltete Papier etwa 1 mm dick. Wie dick wäre das zusammengefaltete Papier, wenn man das Blatt Papier derartig 15-mal gefaltet hätte?

b) Ein Würfel hat das dreifache Volumen eines Quaders mit den Kantenlängen 2 m, 3 m und 4 m. Ermittle die Oberflächeninhalte der Körper.

c) Welcher Prozentsatz ist am Kopierer bei einer Vergrößerung von 1 cm² auf 3 cm² einzustellen?

Aufgabe 3

Es wurden Graphen von Potenzfunktionen dargestellt, deren Exponenten ganze Zahlen sind.

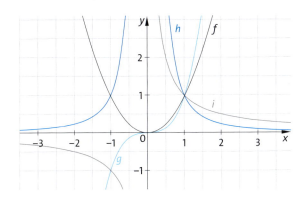

a) Notiere die zu den vier Graphen gehörenden Funktionsgleichungen.

b) Skizziere im gegebenen Koordinatensystem die Graphen der Funktionen $k(x) = y = x^4$ und $l(x) = y = -x^5$.

c) Schreibe die Funktionsgleichungen der Umkehrfunktionen zu den Funktionen $k(x) = y = x^4$ und $l(x) = y = -x^5$ auf.

Aufgabe 4

Der Vater von Antje hat direkt nach ihrer Geburt für sie ein Sparbuch eingerichtet und 2000,00 € eingezahlt. Das Guthaben wird mit 3,5 % p. a. verzinst. Antjes Mutter überlegt, wie viel Geld zum 14., 16. und 18. Geburtstag ihrer Tochter auf dem Sparbuch ist, wenn nichts zusätzlich eingezahlt und nichts abgehoben wird.

a) Schwester Anna stellte für die Berechnung des Guthabens nach beliebig vielen Jahren folgende Gleichung auf: $K(t) = 2000{,}00\,€ \cdot \left(1 + \frac{3{,}5}{100}\right)^t$. Gib die Bedeutung der Variablen an.

b) Bestimme mithilfe von Annas Gleichung das Kapital zum 14., 16. und 18. Geburtstag von Antje.

c) Wie viel Euro hätte Antje zum 18. Geburtstag mehr, wenn ihr Vater bei einer anderen Bank ein Sparbuch mit 3,9 % p. a. eröffnet hätte?

d) Erstelle mithilfe einer Tabellenkalkulation eine Tabelle, aus der das Kapital am Ende jeden Jahres bis zu Antjes 18. Geburtstag ablesbar ist.

Aufgabe 5

Ein Mischbrot kostete 2007 rund 1,94 €. Der jährliche Preisanstieg liegt seitdem bei ca. 5 %.

a) Stelle für diesen Sachverhalt eine Funktionsgleichung auf. Gehe davon aus, dass der Preisanstieg stets gleich bleibt.

b) Wofür stehen in der Funktionsgleichung die Variablen x und y?

c) Wie teuer wäre das Mischbrot im Jahr 2019?

d) Wie viel Euro müsste man im Jahr 2025 für ein Mischbrot zahlen, wenn in jedem Jahr der Preis um 5 % stiege?

e) In welchem Jahr kostete das Brot rund 2,32 €?

f) Wie hoch wäre der jährliche Preisanstieg, wenn das Brot 2019 nur 2,04 € gekostet hätte?

Terme

Zahlreiche Sachverhalte lassen sich mithilfe von Termen ausdrücken. Beim Lösen von fast jeder Mathematikaufgabe wird bewusst oder unbewusst mit ihnen gearbeitet. Wiederhole deshalb genau die Regeln für Termumformungen.

Test zu den Grundfertigkeiten

1 Berechne den Wert des Terms. Runde auf Hundertstel. $\frac{4,8}{6 \cdot 2,2} - 1,2$

A	0,56	B	−0,84
C	0,83	D	−0,83

2 Welchen Wert nimmt der Term $\frac{(a+b) \cdot \sqrt{c}}{a \cdot (b+c)}$ für $a = 3,75$; $b = −5$ und $c = 4,89$ an?

A	19,51	B	0,08
C	6,70	D	8,58

3 Welche Ausdrücke sind zur Bestimmung des Umfanges u dieser Heftseite geeignet?

A	$u = a + a + b + b$	B	$u = 2 \cdot (a + b)$
C	$u = 21 \cdot 29,7$	D	$u = 2 \cdot 21 + 2 \cdot 29,7$

4 „Bilde die Differenz der Quadrate der Zahlen a und b." Welcher Term passt dazu?

A	$(a - b)^2$	B	$(a - b)(a + b)$
C	$a^2 - b^2$	D	$a^2 : b^2$

5 Welche Vereinfachungen sind richtig?

A	$\frac{8}{9}a + \frac{4}{9} - \frac{8}{9}$	B	$\frac{6b - 81}{3}$
	$= a + \frac{4}{9}$		$= 2b - 27$
C	$6b^2 + 18b$	D	$-9 \cdot (3 - x)$
	$= 6b(b + 3)$		$= -27 + 9x$

6 Notiere die drei binomischen Formeln. Nutze das Tafelwerk.

(1) _____

(2) _____

(3) _____

7 Welche Umformungen sind richtig?

A	$(x - 2)^2$	B	$3(a + 5)^2$
	$= x^2 - 2x + 4$		$= 3a^2 + 30a + 75$
C	$(4 - b)(4 + b)$	D	$(2x + 1)^2$
	$= 16 - b^2$		$= 4x^2 + 4x + 4$

8 Bestimme X so, dass die Gleichung $X \cdot (2a - 5b) = a^2 - 2,5ab$ richtig ist.

A	$X = \frac{1}{4}a$	B	$X = \frac{1}{2}a$
C	$X = -2b$	D	$X = 0,5a$

9 Stelle die Gleichung $u = 2(a + b)$ nach b um.

A	$b = \frac{u - 2a}{2}$	B	$b = \frac{u}{2a}$
C	$b = u - 2a : 2$	D	$b = u : 2 - a$

10 „Vom Doppelten meiner gedachten Zahl subtrahiere ich 5 und quadriere diese Differenz." Markiere die passenden Terme.

A	$2x^2 - 5$	B	$(2x - 5)^2$
C	$2(x - 5)^2$	D	$(x \cdot 2 - 5)^2$

11 Welche Seitenlängen können Rechtecke haben, die sich aus einem 96 cm langen Draht biegen lassen?

A	4,8 dm und 4,8 dm	B	40 cm und 8 cm
C	25,5 cm und 22,5 cm	D	10 mm und 95 cm

12 Ermittle alle Terme, die für die Berechnung der Summe der Kantenlängen geeignet sind.

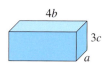

A	$4(a + 4b + 3c)$	B	$4a + 16b + 12c$
C	$12(a + b + c)$	D	$2(a + 4b + 3c)$

9 bis 12 Aufgaben sind richtig. Deine Grundfertigkeiten sind gut.
7 bis 8 Aufgaben sind richtig. Deine Grundfertigkeiten sind befriedigend.
Weniger als 7 Aufgaben sind richtig. Deine Grundfertigkeiten sind noch nicht ausreichend.

Aufgaben zum Trainieren

Aufgabe 1

Umformen von Termen

a) Löse alle Klammern auf und fasse so weit wie möglich zusammen.
(1) $\frac{1}{3}(21 - 18a)$ (2) $y + (6x - y) + xy$
(3) $3 - (4x + 2) - x$ (4) $(2 - 3e) - (2 + 3e)$
(5) $5(a + 2b) - 3(a + 2b) + 1(a + 2b)$
(6) $\frac{1}{2}x - x(2 + x) + (3 - x^2)$

b) Löse die Klammern auf und fasse zusammen.
(1) $(x + 3)^2$ (2) $2 \cdot (5 + 2b)^2$
(3) $3 \cdot (2a - 7)^2$ (4) $\left(x - \frac{1}{2}\right)^2$
(5) $(y - 4)(y + 4)$ (6) $0,5 \cdot (a + 4)(a - 4)$

c) Klammere den größtmöglichen Faktor aus.
(1) $12x - 8xy + 14z$ (2) $18ab + 12a^2 - 30ac$
(3) $\frac{2}{3}ef - \frac{2}{3}f^2 + \frac{2}{3}f$ (4) $12xy - 8xz \ 4x^2$
(5) $3u - 12u^2 + 6uv$ (6) $24x^2yz - 2 \cdot (xyz - 1)$

d) Schreibe als Produkt. Nutze den Lösungspool.
(1) $4 - a^2$ (2) $x^2 - 225$
(3) $x^2 - 8x + 16$ (4) $a^2 + a + \frac{1}{4}$
(5) $9x^2 + 42x + 49$ (6) $4x^2 - 25y^2$

$(x + 15)(x - 15)$ $(3x + 7)^2$
$(x - 4)^2$ $(2x + 5y)(2x - 5y)$
$(a + 0,5)^2$ $(2 + a)(2 - a)$

Aufgabe 2

Die freiwillige Feuerwehr von Flausen möchte an der grauen Giebelwand ihres Spritzenhauses ein 2 m hohes rotes F anbringen. Damit es auch nachts sichtbar ist, soll am Buchstabenrand ein Lichtschlauch befestigt werden.

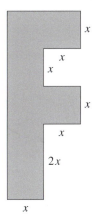

a) Zeichne den Buchstaben F für $x = 1,5\,cm$. Bestimme den Umfang u und den Flächeninhalt A der gezeichneten Figur. (Hinweis: Zerlegung in Teilflächen)

b) Zeige mithilfe einer Zeichnung, dass für den Flächeninhalt A gilt: $A = 7x^2$.

c) Gib eine Formel zur Berechnung des Umfangs u der Figur an.

d) Für wie viele Quadratmeter benötigt die Feuerwehr rote Farbe? Wie lang sollte ihr Lichtschlauch mindestens sein?

Aufgabe 3

Drei Bausteine, die quaderförmig sind, wurden in unterschiedlichen Maßstäben gezeichnet.

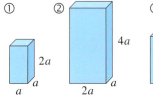
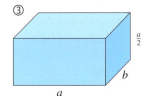

a) Gib die Summe der Kantenlängen, den Oberflächeninhalt und das Volumen mit je einem Term an. Vereinfache ihn soweit wie möglich.

b) Kann aus derartigen Bausteinen ein Würfel mit einer Kantenlänge von $4a$ gelegt werden? Begründe deine Meinung.

Lineare Gleichungen

Viele Zusammenhänge des täglichen Lebens lassen sich durch lineare Gleichungen darstellen, zum Beispiel das Verhältnis von Stückzahl und Preis oder von Zeit und Wegstrecke. Das Lösen von linearen Gleichungen hat daher eine praktische Bedeutung die nicht unterschätzt werden darf.

Test zu den Grundfertigkeiten

1   Welche der Ausdrücke sind lineare Gleichungen?

   A $2x - 5 = 3$ **B** $4(x - 3)$

   C $5 - x = x + 3$ **D** $x \cdot (x + 1) = 2$

2   Wie viele Lösungen kann eine lineare Gleichung haben?

   A   keine   **B**   eine

   C   zwei   **D**   unendlich viele

3   Welches ist die Lösung der linearen Gleichung $2x - 1 = 0$?

   A $0,5$ **B** $0,5x$

   C $\frac{1}{2}$ **D** $-\frac{1}{2}$

4   Welche Umformung führt zur Lösung der Gleichung $2,5x = 10$?

   A $- 2,5$ **B** $-2,5x$

   C $: 2,5$ **D** $: 10$

5   Welche Umformung führt zur Lösung der Gleichung $-24 + x = -13$?

   A $- x$ **B** $+ 24$

   C $+ 13$ **D** $: (-24)$

6   Jede lineare Gleichung ...

   A   ... enthält ein x.   **B**   ... hat eine Lösung.

   C   ... enthält ein $=$.   **D**   ... hat keine Lösung.

7   Bestimme a so, dass $x = 1$ eine Lösung der Gleichung $a \cdot x + 5 = 15$ ist.

   A $a = 5$ **B** $a = 10$

   C $a = 15$ **D** $a = -10$

8   Welche Umformungen führen zur Lösung der Gleichung $8x - 36 = 52$?

   A $: 8$, dann $+ 36$ **B** $+ 36$, dann $: 8$

   C $- 36$, dann $: 8$ **D** $: 8$, dann $+ 4,5$

9   Welche Umformungen sind bei der Lösung einer linearen Gleichung erlaubt? Beide Seiten der Gleichung ...

   A   ... mit einer beliebigen Zahl multiplizieren.

   B   ... mit einer Zahl ungleich Null multiplizieren.

   C   ... mit einer beliebigen Zahl addieren.

   D   ... mit Null multiplizieren.

10   Welche Gleichung passt: Ein Rechteck soll so aus einem 100 cm langen Draht gebogen werden, dass eine Seite 20 cm lang ist. Wie lang ist die andere Seite?

   A $2 \cdot (20 + x) = 100$ **B** $x + 20 = 100$

   C $100 - 20 = x$ **D** $2x + 40 = 100$

11   Ein Vater ist doppelt so alt wie sein Sohn, zusammen sind sie 63 Jahre. Welche Gleichung passt?

   A $2x + x = 63$ **B** $x + 63 = 2x$

   C $x + 0,5x = 63$ **D** $2 \cdot (x + x) = 63$

---

9 bis 11 Aufgaben sind richtig. Deine Grundfertigkeiten sind gut.
7 bis 8 Aufgaben sind richtig. Deine Grundfertigkeiten sind befriedigend.
Weniger als 7 Aufgaben sind richtig. Deine Grundfertigkeiten sind noch nicht ausreichend.

Aufgaben zum Trainieren

Aufgabe 1

Löse die lineare Gleichung.

a) (1) $3x + 2 = 17$ (2) $-2 + 9x = 3$ (3) $-4x + 8 = 26$ (4) $2 - 4x = 24$
    (5) $\frac{x}{3} + 4 = 5$ (6) $\frac{x}{-4} + 6 = 2$ (7) $\frac{x}{2} - 5 = -5$ (8) $\frac{2x}{3} - 4 = -6$

b) (1) $4x + 2 = 9x + 9$ (2) $2 + 8x = -3x - 107$ (3) $27 - 9(x + 1) = x + 41$ (4) $-(1 - 2x) - x = x + 7$
    (5) $\frac{2}{3}x - 4 = 5 + \frac{5}{6}x$ (6) $2x - \frac{1}{2} - (x - 1) = 0$ (7) $-\frac{3}{4}\left(x + \frac{1}{6}\right) = \frac{1}{6}x - \frac{3}{4}$ (8) $\frac{7}{8}x + 1{,}5 = 1{,}5 - 1\frac{1}{4}x$

Aufgabe 2

Lege zu jeder Aufgabe die Variable x fest, stelle eine Gleichung auf und löse sie.

a) Pascal und seine Mutter sind heute zusammen 65 Jahre alt. Die Mutter war vor zehn Jahren genau viermal so alt wie ihr Sohn. Wie alt sind die beiden heute?

b) Tobias startet um 7:30 Uhr. Er fährt mit einer Geschwindigkeit von $20\,\frac{km}{h}$ zur Schule. Um 7:50 Uhr bemerkt seine Mutter, dass Tobias seine Sportsachen vergessen hat. Sie fährt mit dem Auto mit $60\,\frac{km}{h}$ hinterher.
Wie spät ist es, als die Mutter Tobias einholt? Wie viele Kilometer ist Tobias bereits gefahren?

c) Ein Rechteck ist doppelt so lang wie breit. Der Umfang des Rechtecks beträgt 204 cm. Gib die Größen der Innenwinkel und die Längen der Seiten an.

d) Ein Fußball hat einen Durchmesser von 22 cm. Für die Anfertigung müssen 25 % mehr Material für Nähte und Verschnitt bereitgestellt werden, als der Oberflächeninhalt beträgt. Wie viel Quadratmeter Leder werden benötigt?

Aufgabe 3

Berechne die fehlende Größe. Stelle dazu eine lineare Gleichung auf und löse sie.

Trapez: $A = \frac{a + c}{2} \cdot h$

	A	a	c	h
a)	90	3	9	x
b)	66	x	4	12

Quadratische Pyramide: $A_O = a^2 + 2 \cdot a \cdot h_a$

	A_O	a	h_a
c)	95	5	x
d)	532	x	12

Aufgabe 4

Mit Formeln wie in Aufgabe 3 können Eigenschaften von Figuren berechnet werden. Oftmals müssen sie nach einer bestimmten Größe umgestellt werden.

a) Gegeben ist die Formel $u = 2(a + b)$.
Gib an, was mit ihr berechnet wird und stelle Sie nach a um.

b) Gegeben ist die Formel $A = \frac{1}{2} g \cdot h$.
Gib an, was mit ihr berechnet wird und stelle sie nach h um.

c) Gegeben ist die Formel $A = \frac{a + c}{2} \cdot h$.
Gib an, was mit ihr berechnet wird und stelle sie erst nach h und dann nach c um.

d) Gegeben ist die Formel $A_O = \pi r \cdot (r + s)$.
Gib an, was mit ihr berechnet wird und stelle sie erst nach s und dann nach r um.

e) Gegeben ist die Formel $V = \frac{1}{3} \pi \cdot r^2 \cdot h$.
Gib an, was mit ihr berechnet wird und stelle sie erst nach h und dann nach r um.

f) Gegeben ist die Formel $A_\alpha = \pi r^2 \cdot \frac{\alpha}{360°}$.
Gib an, was mit ihr berechnet wird und stelle sie erst nach α und dann nach r um.

Lineare Gleichungssysteme

Bei vielen Sachzusammenhängen genügt eine Variable nicht. Wenn von einem Rechteck der Umfang $u = 20\,cm$ bekannt ist, so erhält man eine Gleichung $20 = 2a + 2b$ mit zwei Variablen a und b. Diese reicht zur eindeutigen Bestimmung der Seitenlängen nicht aus, man benötigt eine zweite Gleichung, die etwa durch den Flächeninhalt gegeben sein kann.

Test zu den Grundfertigkeiten

1 Gib die Lösungsmenge des linearen Gleichungssystems I $x + y = 5$
II $2x - y = 7$ an.

A $L = \{(4)\}$ **B** $L = \{(4|1)\}$

C $L = \{(1)\}$ **D** $L = \{(1|4)\}$

2 Ordne jedem Gleichungssystem

A I $y = 3x$ **B** I $2x + y = 4$
II $2x + y = 5$ II $x + y = 1$

C I $2x - y = 4$ **D** I $2x = y - 5$
II $-x + y = 1$ II $2y + 3 = 2x$

das günstigste Lösungsverfahren zu
(Bsp. A) → b)).
a) Additionsverfahren
b) Subtraktionsverfahren
c) Gleichsetzungsverfahren
d) Einsetzungsverfahren

3 Welches lineare Gleichungssystem wurde grafisch gelöst? Gib die Lösungsmenge an.

A I $y = x + 2$
II $y = 4{,}5x - 1{,}5$

B I $y = 2x + 1$
II $y = -1{,}5x + 4{,}5$

C I $y = 1 + 2x$
II $y = 1{,}5x + 4{,}5$

D I $y = 0{,}5x + 1$
II $y = -\tfrac{2}{3}x + 4{,}5$

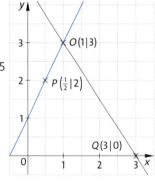

$L = \{(\_\_|\_\_)\}$

4 Wie viele Lösungen kann ein lineares Gleichungssystem haben?

A keine   **B** genau eine

C unendlich viele **D** genau zwei

5 Peter ist doppelt so alt wie Klaus. Zusammen sind sie 27 Jahre alt.
Gleichungssystem: I $2x = y$
II $x + y = 27$
Welcher Term gibt Peters Alter an?

A x **B** y

C $2x$ **D** „kein Term"

6 Gegeben ist das folgende Gleichungssystem.
I $2a + 3b = 7$
II $4a - 9b = -1$
Mit welcher Zahl sollte eine der Gleichungen multipliziert werden, um das Additionsverfahren anwenden zu können?

A 2   **B** −3

C 3   **D** −2

7 Bestimme die Lösungsmenge des Gleichungssystems aus Aufgabe 6.

8 Anne kauft vier Roggenbrötchen und drei Vierkornbrötchen für 2,50 €. Sven kauft fünf Roggenbrötchen und sieben Vierkornbrötchen. Er zahlt 4,10 €. Markiere entsprechende Gleichungssysteme.

A I $3v + r = 2{,}50$ **B** I $4x + 3y = 2{,}50$
II $7v + 5r = 4{,}10$ II $5x + 7y = 4{,}10$

C I $4r + 3v = 2{,}50$ **D** I $5x + 7y = 4{,}10$
II $5r + 7v = 4{,}10$ II $x + 3y = 2{,}50$

---

7 bis 8 Aufgaben sind richtig. Deine Grundfertigkeiten sind gut.
4 bis 6 Aufgaben sind richtig. Deine Grundfertigkeiten sind befriedigend.
Weniger als 4 Aufgaben sind richtig. Deine Grundfertigkeiten sind noch nicht ausreichend.

Aufgaben zum Trainieren

Aufgabe 1

a) Zeichne die Geraden $g(x) = -2x + 3$ und $h(x) = 0,5x - 2$ in das nebenstehende Koordinatensystem und ermittle ihren Schnittpunkt.

b) Gib ein lineares Gleichungssystem an, das diese Situation beschreibt und gib die Lösungsmenge an.

c) Zeichne eine Gerade $k(x)$ so, dass die Graphen von k und h keinen Schnittpunkt haben. Gib die Gleichung von $k(x)$ an.

d) Löse die Gleichung $x + 2y = 8$ nach y auf und zeichne die Gerade ein.

e) Bestimme die Lösungsmenge des LGS
   I $y = 0,5x - 2$
   II $x + 2y = 8$.

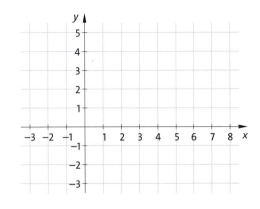

Aufgabe 2

Ermittle die Lösungsmengen der folgenden Gleichungssysteme mit einem Verfahren deiner Wahl.
Überlege, welches Verfahren jeweils geeignet ist, um schnell und sicher zur Lösung zu gelangen.

a) I $2y = 4x + 4$
   II $y = 10x - 22$

b) I $2u - 3v = -8$
   II $6v - u = 16$

c) I $x + 2y = 1$
   II $-x + 2y = 1$

d) I $3x - 2z = -3$
   II $-3x + z = 6$

Aufgabe 3

Löse die folgenden Text- und Sachaufgaben jeweils mithilfe eines Gleichungssystems.

a) Die Quersumme einer zweistelligen Zahl ist 12, die Differenz der Ziffern ist 2.
   Welche Zahl könnte es sein?

b) Von zwei Zahlen ist bekannt: Addiert man zum Dreifachen der ersten Zahl das Doppelte der zweiten Zahl, so erhält man 26. Subtrahiert man das Dreifache der zweiten Zahl vom Fünffachen der ersten Zahl, dann erhält man 56.
   Wie heißen diese beiden Zahlen?

c) Von einem Rechteck ist bekannt, dass der Umfang 20 cm beträgt. Die Differenz der Seitenlängen ist 44 mm.
   Wie lang sind die Seiten?

d) Sophie macht Ferien auf dem Bauernhof. Sie darf die Hühner und Kaninchen füttern. Es sind 37 Tiere mit insgesamt 106 Beinen.
   Wie viele Hühner und wie viele Kaninchen leben auf dem Bauernhof?

e) Aus einem Draht mit einer Länge von 1,40 m wird das Kantenmodell eines Quaders mit zwei quadratischen Begrenzungsflächen hergestellt. Die Differenz der kurzen Kanten an den quadratischen Flächen und der längeren Kanten beträgt 5 cm.
   Ermittle die Kantenlängen des Körpers.

f) Strommengen können in Kilowattstunden (kWh) gemessen werden. Der Preis für die Stromversorgung eines Haushaltes setzt sich zusammen aus der Grundgebühr und dem Arbeitspreis (kWh – Preis) für den verbrauchten Strom. Frau Meyer hat im Juni 426 kWh verbraucht und musste dafür 126,78 € bezahlen. Im Juli waren es 134,14 € für 458 kWh.
   Berechne den Arbeitspreis und die Grundgebühr.

Aufgabe 4

Vereinfache zunächst die Gleichungen und bringe sie auf die Form $ax + by = c$. Löse dann mit dem Additions– bzw. Subtraktionsverfahren.

a) I $11x - 7y = 3x + 2y + 22$
   II $8x + 3y = 5x + 8y + 5$

b) I $2(2x + 3) + 3(x - 2y) = 6$
   II $6(2y - x) - 4(x + 3) = 12$

Quadratische Gleichungen

Es gibt viele Zusammenhänge in der Mathematik und den Naturwissenschaften, bei denen Quadrate auftreten. Fragestellungen können auf Gleichungen führen, in denen quadratische Variablen auftauchen. Zur Lösung solcher Gleichungen müssen spezielle Verfahren angewendet werden.

Test zu den Grundfertigkeiten

1 Bei welchen der folgenden Gleichungen handelt es sich um quadratische Gleichungen?

   A $x^2 + 3x - 4 = 0$ **B** $x^2 - 4 = 21$

   C $4x - 3 = 5x$ **D** $x(2 + x) = -4$

2 Wie viele Lösungen kann eine quadratische Gleichung haben?

   A keine   **B** eine

   C zwei   **D** unendlich viele

3 Welche Lösungsmenge gehört zu der quadratischen Gleichung $x^2 - 2x - 15 = 0$?

   A $L = \{(3; 5)\}$ **B** $L = \{(5)\}$

   C $L = \{(-3; 5)\}$ **D** $L = \{(3; -5)\}$

4 Zu welchen der quadratischen Gleichungen gehören die Lösungen 0 und 2?

   A $x^2 - 2x = 0$ **B** $4x^2 - 8x = 0$

   C $x^2 = 4$ **D** $2x^2 = 4x$

5 Bestimme die Lösungsmengen der Gleichungen.

a) $x^2 = 81$

   A $L = \{9\}$ **B** $L = \{-9\}$

   C $L = \{-9; 9\}$ **D** $L = \{0; 9\}$

b) $x^2 - 9 = 40$

   A $L = \{7\}$ **B** $L = \{0; 7\}$

   C $L = \{-7; 7\}$ **D** $L = \{3; 7\}$

c) $x(x - 4) = 0$

   A $L = \{0\}$ **B** $L = \{0; 4\}$

   C $L = \{4\}$ **D** $L = \{-4; 0\}$

6 Nenne die Lösungsformel für quadratische Gleichungen der Art $x^2 + px + q = 0$.

7 Gegeben ist die Gleichung $x^2 - 3x + 4 = 0$. Welche Zuordnung ist richtig?

   A $p = 3$ und $q = 4$ **B** $p = 1$ und $q = 3$

   C $p = 3$ und $q = +4$ **D** $p = -3$ und $q = 4$

8 Bei der Lösung einer quadratischen Gleichung ergibt sich $x_{1/2} = -\frac{3}{2} \pm \sqrt{\left(\frac{3}{2}\right)^2 + 5}$.

Welche quadratische Gleichung passt?

   A $x^2 + 3x - 5 = 0$ **B** $x^2 - 3x + 5 = 0$

   C $x^2 - \frac{3}{2}x + 5 = 0$ **D** $x^2 = -3x + 5$

9 Betrachte die Gleichung $3x^2 - 18x + 21 = 0$. Welcher Lösungsansatz ist richtig? $x_{1/2} =$

   A $3 \pm \sqrt{\left(\frac{6}{2}\right)^2 - 7}$ **B** $-\frac{6}{2} \pm \sqrt{\frac{9}{4} - 7}$

   C $\frac{18}{2} \pm \sqrt{(9)^2 - 21}$ **D** $\frac{6}{2} \pm \sqrt{\left(\frac{6}{2}\right)^2 + 7}$

10 Welche der Lösungsansätze haben keine Lösung? $x_{1/2} =$

   A $\frac{8}{2} \pm \sqrt{\left(\frac{8}{2}\right)^2 - 7}$ **B** $\frac{4}{2} \pm \sqrt{\left(\frac{4}{2}\right)^2 - 4}$

   C $\frac{18}{2} \pm \sqrt{(9)^2 - 21}$ **D** $-\frac{6}{2} \pm \sqrt{\left(\frac{6}{2}\right)^2 - 10}$

11 Entscheide, ob $(x - 2)(x + 3) = 0$ eine quadratische Gleichung ist und nenne ggf. die Lösung.

   A keine quadratische Gleichung   **B** $L = \{(2; -3)\}$

   C $L = \{(-2; 3)\}$ **D** $L = \{(0)\}$

9 bis 11 Aufgaben sind richtig. Deine Grundfertigkeiten sind gut.
6 bis 8 Aufgaben sind richtig. Deine Grundfertigkeiten sind befriedigend.
Weniger als 6 Aufgaben sind richtig. Deine Grundfertigkeiten sind noch nicht ausreichend.

Aufgaben zum Trainieren

Aufgabe 1

a) Löse die quadratischen Gleichungen ohne Verwendung der Lösungsformel.
- (1) $x^2 + 5x = 0$
- (2) $(x-3)(3x+5) = 0$
- (3) $0{,}5x^2 + 2x = 0$
- (4) $-3x^2 + 75 = 0$
- (5) $2(x+5)^2 - 32 = 0$
- (6) $5(x-5)(x-2) = 0$

b) Löse die quadratischen Gleichungen unter Verwendung der Lösungsformel.
- (1) $x^2 + 2x - 35 = 0$
- (2) $x^2 + 19{,}5x - 10 = 0$
- (3) $3x^2 - 75 = 0$
- (4) $-2x^2 - 6x + 140 = 0$
- (5) $2x^2 - 12x = 0$
- (6) $2x^2 + 20 = 0$

c) Löse die quadratische Gleichung mit einem beliebigen Verfahren.
- (1) $x^2 + 2x + 10 = 0$
- (2) $x^2 - 19x = 0$
- (3) $6x^2 = 3x$
- (4) $3x^2 = -12x + 150$
- (5) $(x+2)(x-2{,}5) = 0$
- (6) $2x^2 - 8x = -8$

Aufgabe 2

Löse die folgenden Text- und Sachaufgaben. Stelle jeweils zuerst eine quadratische Gleichung auf.
Hinweis: Führe für die gesuchten Größen Variablen ein.

a) Das Quadrat der gesuchten Zahl ist gleich ihrem Fünffachen. Welche Zahl könnte es sein?

b) Welche Kantenlänge hat ein Würfel mit dem Oberflächeninhalt $37{,}5\,\text{cm}^2$?

c) Multipliziert man eine natürliche Zahl mit der um 10 größeren Zahl, so erhält man 704. Wie lautet die Zahl?

d) Das Quadrat einer natürlichen Zahl vermehrt um ihr 7-faches ergibt 8. Wie lautet die Zahl?

e) Der Flächeninhalt eines Rechtecks beträgt $21875\,\text{mm}^2$. Die eine Seite ist um 5 cm länger als die andere Seite.
Wie lang sind die Rechteckseiten?

f) Ein rechtwinkliges Dreieck hat einen Flächeninhalt von $40\,\text{cm}^2$. Eine Kathete ist 16 cm länger als die andere Kathete.
Wie lang sind die Katheten?

Aufgabe 3

Eine Supermarktkette hat ein rechteckiges Grundstück gekauft, um darauf den skizzierten Supermarkt mit rechteckiger Grundfläche zu bauen und die benötigten Parkflächen anzulegen.
Das Grundstück ist 80 m lang und 60 m breit. Die Breite x der Parkstreifen vor und neben der Halle ist gleich.
Außerdem soll die Fläche des Parkplatzes genauso groß sein wie die Grundfläche des Gebäudes.

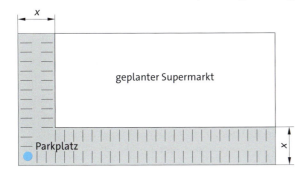

a) Berechne die Breite x eines Parkstreifens.

b) Schätze, wie viele Autos auf dem Parkplatz parken können, wenn 60 % der Fläche zum Abstellen von Autos zur Verfügung steht.

c) Es ist geplant, etwa 30 % des Parkplatzes mit Pflastersteinen und den restlichen Teil mit Rasengittersteinen zu befestigen.
Wie viel Euro sind dafür einzuplanen, wenn $1\,\text{m}^2$ Pflastersteine 40,00 Euro und $1\,\text{m}^2$ Rasengittersteine 35,00 Euro kosten?

Aufgabe 4

Bei einer Klassenfahrt soll der Betrag von 350 € auf alle Teilnehmer verteilt werden. Am Tag der Abreise sind jedoch drei nicht da, dadurch erhöht sich der Betrag für jeden um 1,50 €. Wie viele Personen sind in der Klasse? (Hinweis: x: Größe der Klasse, $x - 3$: Anzahl der Mitfahrenden.)

Zuordnungen

Zuordnungen begegnen uns in vielen Lebensbereichen, z. B. ist auf einer Senderfrequenz ein bestimmter Radiosender zu finden und jede Brötchensorte hat einen bestimmten Preis. Zuordnungen können mithilfe von Diagrammen, Tabellen, Worten, Koordinatensystemen...dargestellt werden.

Test zu den Grundfertigkeiten

1

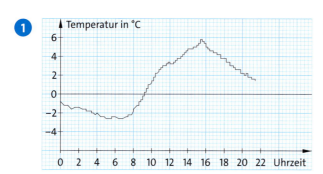

Wann betrug die Temperatur −2 °C?

A 2 Uhr   **B** 4 Uhr

C 8 Uhr   **D** 11 Uhr

2 Welche Art von Zuordnung liegt hier vor?

Stückzahl	2	3	7
Preis	3	4,5	10,5

A proportional   **B** exponentiell

C umgekehrt proportional **D** keine

3 Welche der folgenden Eigenschaften gelten für proportionale Zuordnungen?

A Eine Verdopplung des x-Wertes führt zur Verdopplung des y-Wertes.

B Die Zahlenpaare sind produktgleich.

C Eine Verdopplung des x-Wertes führt zur Halbierung des y-Wertes.

D Der Graph ist eine Gerade.

4 Es soll eine proportionale Zuordnung vorliegen. Welche Werte können ergänzt werden?

Anzahl der Werkstücke	2	x
Preis in Euro	3	y

A $x = 3$; $y = 4$ **B** $x = 3,5$; $y = 5,5$

C $x = 0$; $y = 0$ **D** $x = 4\frac{1}{4}$; $y = 6\frac{3}{8}$

5 Entscheide, ob die Zuordnung (1): proportional, (2): antiproportional oder (3): keines von beiden ist.

A 1 Anstreicher benötigt für eine Wand 5 Stunden. Wie lange brauchen 3?

B 3 Liter Benzin kosten 4,23 €, wie viel kosten 5 Liter?

C Daniel ist 3 Monate alt und 62 cm groß, mit 4 Monaten ist er 64 cm groß.

D Um 10 Uhr morgens sind es 12 °C, um 17 Uhr 18°.

6 Ordne den Graphen die entsprechende Zuordnung zu.

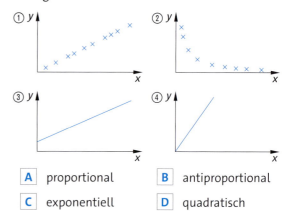

A proportional   **B** antiproportional

C exponentiell   **D** quadratisch

7 Um einen Rasen zu mähen, benötigen 4 Gärtner 6 h. Wie viel Zeit benötigen 5 Gärtner? Hinweis: Die Gärtner haben jeweils die gleiche Arbeitsleistung.

A 4 h 8 min   **B** 7,5 h

C 4 h 48 min   **D** 5 h 20 min

8 Für 5 Pfannkuchen benötigt man 100 g Mehl. Wie viel Mehl benötigt man für 6 Pfannkuchen?

A 20 g   **B** 83,3 g

C 106 g   **D** 120 g

7 bis 8 Aufgaben sind richtig. Deine Grundfertigkeiten sind gut.
5 bis 6 Aufgaben sind richtig. Deine Grundfertigkeiten sind befriedigend.
Weniger als 5 Aufgaben sind richtig. Deine Grundfertigkeiten sind noch nicht ausreichend.

Aufgaben zum Trainieren

Aufgabe 1

Die Pizzeria „Bella Italia" verkauft Pizzas in drei verschiedenen Größen.

Unser Pizza-angebot	Durchmesser der Pizzas		
	26 cm	30 cm	32 cm
Margherita	2,00 €	3,00 €	4,00 €
Salami	4,00 €	5,00 €	5,50 €
Peperonata	3,00 €	4,50 €	6,00 €
Piccata	3,50 €	5,00 €	6,00 €
Marina	5,00 €	6,00 €	7,00 €
Contadina	4,50 €	5,50 €	6,50 €

a) Um den Preis vergleichen zu können, möchte Artur die Zuordnung
Durchmesser → Preis untersuchen.
Alex schlägt vor, die Zuordnung
Fläche → Preis zu betrachten.
Welches Vorgehen ist sinnvoller? Begründe.

b) Welche Pizzagröße ist jeweils die günstigste? Begründe deine Meinung rechnerisch.

c) Wie teuer müsste die Pizza Salami mit 30 cm Durchmesser sein, wenn der Preis pro Quadratzentimeter derselbe sein soll wie bei der kleineren Pizza?

Aufgabe 2

Prüfe, ob eine proportionale oder eine umgekehrt proportionale Zuordnung oder keines von beiden vorliegt. Berechne dann die Lösungen, wenn möglich, mit dem Dreisatz.

a) Aus 50 kg Äpfeln erhält man 15 Flaschen Saft. Wie viel Saft erhält man bei 80 kg? Wie viele Äpfel werden für 27 Flaschen benötigt?

b) 17 Waschbetonplatten wiegen 510 kg. Wie viel wiegen 10 Platten derselben Sorte?

c) Ein Wasserbecken wird durch 5 gleich starke Pumpen in 19 Stunden gefüllt. Wie lange dauert das Füllen, wenn nur 3 Pumpen laufen? Wie viele Pumpen werden benötigt, wenn das Becken in 8 Stunden voll sein soll?

d) Ein Läufer legt 200 m in 20,6 s zurück. Wie lange benötigt derselbe Läufer für 1500 m? Wie weit kommt er in 20 min?

e) 10 Musiker spielen einen Tanz in 4 Minuten. Wie lange brauchen 5 Musiker dafür?

f) Ein Rohbau soll von 8 Maurern in 24 Tagen fertig gestellt werden wenn sie täglich 8 Stunden arbeiten. Nach 19 Tagen fällt einer aus, die anderen arbeiten jetzt 9 Stunden täglich. Werden sie rechtzeitig fertig?

Aufgabe 3

Die allseits bekannten Schuhgrößen berechnen sich wie folgt:
Zur in Zentimetern gemessenen Fußlänge werden 1,5 cm addiert. Die Summe wird danach mit 1,5 multipliziert.

a) Carinas Fuß ist 22,5 cm lang. Welche Schuhgröße hat Carina?

b) Finde für die Zuordnung
Fußlänge in cm → Schuhgröße eine Gleichung.

c) Erstelle für die Zuordnung
Fußlänge in cm → Schuhgröße eine Tabelle und ein Diagramm. Beginne mit einer Fußlänge von 21 cm und ende bei Schuhgröße 43.

d) Laut Guinnessbuch der Rekorde hat der Amerikaner Matthew McGrory mit Schuhgröße 63 die bisher größten Füße. Wie lang sind sie?

e) Schätze, welche Schuhgröße der abgebildete Stiefel hat.

Lineare Funktionen

Funktionen sind Zuordnungen, bei denen jedem x-Wert genau ein y-Wert zugeordnet wird. Bei linearen Funktionen tritt das x höchstens in erster Potenz auf, Beispiele wären $f(x) = 2x + 3$, $g(x) = -0,5x + 1$ oder $y = 3x - 4$. Hierbei ist y gleichbedeutend mit $f(x)$ oder $g(x)$.

Test zu den Grundfertigkeiten

1 Bei welcher linearen Funktion ist für $x = 3$ der Funktionswert $y = -1$?

  A $f(x) = 2x - 7$ **B** $g(x) = -2x + 7$

  C $y = -4x + 10$ **D** $x - 0,5y = 3,5$

2 Gleichungen linearer Funktionen kann man in der Form $y = mx + n$ notieren. Welche Bedeutung haben m und n für den Verlauf der Graphen?

  _____

  _____

  _____

  _____

3 Die Grafik zeigt das Bild einer linearen Funktion $y = f(x) = mx + n$. Welche Aussagen sind richtig?

  A $m > 0$ und $n > 0$ **B** $m < 0$ und $n > 0$

  C $m < 0$ und $n < 0$ **D** $m > 0$ und $n < 0$

4 Forme die Gleichung $12x - 4y = 16$ so um, dass du m und n ablesen kannst.

  A $m = 12$ und $n = -16$ **B** $m = 3$ und $n = 16$

  C $m = 3$ und $n = -4$ **D** $m = -3$ und $n = 4$

5 Welche der Geraden geht durch den Punkt $P(4|1)$ und hat den Anstieg $m = 0,5$?

  A $g(x) = \frac{1}{2}x - 1$ **B** $f(x) = 0,5x + 1$

  C $x - 2y = 2$ **D** $0,5x - 4y = -2$

6 Wie lautet die Gleichung der Geraden, die parallel zur x-Achse durch den Punkt $P(2|3)$ verläuft?

  A $f(x) = 2$ **B** $f(x) = 2x$

  C $f(x) = 3$ **D** $f(x) = 3x$

7 Was trifft auf alle Graphen linearer Funktionen zu?

  A Sie sind Geraden.

  B Sie verlaufen durch den Ursprung.

  C Sie schneiden die y-Achse.

  D Sie schneiden die x-Achse.

8 Welchen Anstieg hat eine Gerade, die durch die Punkte $P(1|2)$ und $Q(2,5|-4)$ verläuft?

  A $m = -1$ **B** $m = -2$

  C $m = -2,5$ **D** $m = -4$

9 Welche der Zuordnungen sind im Alltag oft linear?

  A _Anzahl der CDs → Preis_

  B _Geschwindigkeit → Fahrzeit_

  C _Fahrzeit → Entfernung zum Ziel_

  D _Fahrkilometer → Preis für die Taxifahrt_

10 Gib die Funktionsgleichungen und Nullstellen an.

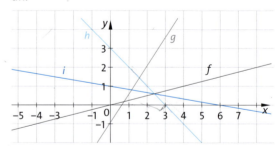

  _____

  _____

  _____

  _____

9 bis 10 Aufgaben sind richtig. Deine Grundfertigkeiten sind gut.
6 bis 8 Aufgaben sind richtig. Deine Grundfertigkeiten sind befriedigend.
Weniger als 6 Aufgaben sind richtig. Deine Grundfertigkeiten sind noch nicht ausreichend.

Aufgaben zum Trainieren

Aufgabe 1

Bestimme die Funktionsgleichungen der linearen Funktionen. Der Graph von f ...

a) verläuft durch den Punkt $A(2|3)$ und hat den Anstieg $m = -1$.

b) hat den Anstieg 4 und den y-Achsenabschnitt $n = 3$.

c) verläuft durch die Punkte $B(1|5)$ und $C(3|1)$.

d) verläuft parallel zur Geraden $y = \frac{2}{5}x - 4$ und geht durch $D(-1|5)$.

e) schneidet die x-Achse bei $x = 7$ und die y-Achse bei $y = 5$.

f) geht durch den Ursprung des Koordinatensystems und hat den Anstieg.

Aufgabe 2

Gegeben sind die drei Funktionen $f(x) = \frac{1}{4}x$, $g(x) = -\frac{3}{5}x + 3$ und $h(x) = 3x + 4$.

a) Erkläre begründend, warum sich diese drei Funktionsgraphen schneiden müssen.

b) Zeichne die Geraden (ohne Nutzung einer Wertetabelle) in **ein** Koordinatensystem.

c) Berechne die Eckpunkte des Dreiecks.

d) Auf der Geraden $f(x)$ liegen die Punkte $P(2|f(2))$ und $Q(4|f(4))$. Berechne die fehlenden y-Werte der Punkte und ihren Abstand voneinander. (Hinweis: Satz von Pythagoras)

Aufgabe 3

Bei einem Stromanbieter gibt es zwei Tarife.

Tarif A: jährliche Grundgebühr von 72 € und 17,2 ct pro kWh
Tarif B: jährliche Grundgebühr von 108 € und 15,8 ct pro kWh

a) Berechne für beide Tarife die Preise für einen Jahresverbrauch von 500 kWh und 3000 kWh.

b) Stelle jeweils eine Funktionsgleichung auf, die den Kilowattstunden den Preis pro Jahr zuordnet. Gib die Bedeutung der Variablen an.

c) Zeichne die zu jeder Gleichung gehörende Gerade in ein gemeinsames Koordinatensystem. Teile zuvor die Achsen sinnvoll ein.

d) In welchem Punkt schneiden sich die Geraden? Was bedeutet das für den zu wählenden Tarif?

Aufgabe 4

Wer ein Handy besitzt, hat nicht selten ein Problem, wenn es darum geht, den günstigsten Tarif auszuwählen.

Tarif	monatliche Grundgebühr	Preis pro Minute	Hinweis
Easy	–	0,39 €	[1] Die ersten 45 Minuten sind frei. Es muss dann nur die Grundgebühr bezahlt werden.
Telly	4,95 €	0,29 €	
Relax[1]	14,95 €	0,49 €	
Flat[2]	29,95 €	–	[2] Für monatlich 29,95 € kann beliebig lange telefoniert werden.

a) Ordne jedem Tarif das Diagramm zu, das der Zuordnung *Gesprächszeit → Preis* am ehesten entspricht. Begründe deine Entscheidungen.

b) Vergleiche die Kosten für ein 7 Minuten langes Gespräch im Tarif „Easy" und für ein 15 Minuten langes Gespräch im Tarif „Telly".

c) Bestimme die Funktionsgleichungen für die Tarife „Easy" und „Telly".

d) Schreibe einen kurzen Bericht für eine Zeitschrift mit Empfehlungen für die Handytarife. Zeichne dazu die Graphen der vier Zuordnungen in ein Koordinatensystem.

Quadratische Funktionen

Viele Zusammenhänge in Natur und Technik entwickeln sich nicht gleichförmig sondern wachsen zum Beispiel immer schneller. Hier helfen quadratische Funktionen bei der Beschreibung dieser Vorgänge. Bei quadratischen Funktionen liegt das x in zweiter Potenz, also x^2 vor.

Test zu den Grundfertigkeiten

1 Welche der Graphen gehören zu einer quadratischen Funktion?

A 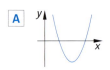 B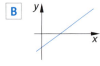

C  D

2 Jede quadratische Funktion hat einen ...

A höchsten Punkt   B Schnittpunkt mit der x-Achse

C Scheitelpunkt   D Schnittpunkt mit der y-Achse

3 Der Scheitelpunkt der Funktion $f(x) = (x-2)^2 + 3$ lautet ...

A $S(2|3)$ B $S(-2|3)$

C $S(10|3)$ D $S(-10|3)$

4 Welche Funktion liegt in der Scheitelpunktform vor?

A $f(x) = (x-2)^2$ B $f(x) = x^2 - 2x$

C $f(x) = (x-3)^2 + 4$ D $f(x) = 3x^2 - 4$

5 Eine verschobene Normalparabel ...

A ist $f(x) = x^2 + 2x$ B hat die Steigung 1

C ist $f(x) = 2x^2$ D hat vor dem x^2 eine 1

6 Wie geht $f(x) = (x-3)^2 + 5$ aus $f(x) = x^2$ hervor?

A Verschiebung um 3 nach rechts

B Verschiebung um 3 nach links

C Verschiebung um 5 nach oben

D Verschiebung um 5 nach unten

7 Nenne die Funktionsgleichung der verschobenen Normalparabel.

A 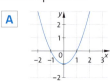 B

C 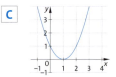 D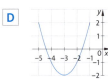

8 Die Parabelgleichung $f(x) = x^2 + 5x - 12$ soll in die Scheitelpunktform gebracht werden. Der x-Wert des Scheitelpunktes lautet:

A $+(5)^2$ B $+(12)^2$

C $-\left(\frac{5}{2}\right)^2$ D $+\left(\frac{12}{2}\right)^2$

9 Eine quadratische Funktion kann ...

A keinen   B einen

C zwei   D drei

Schnittpunkt(e) mit der x-Achse haben.

10 Die Funktion $f(x) = x^2 + 5x$ hat als Schnittpunkte mit der x-Achse ...

A 0 und 5   B 0 und $\frac{1}{5}$

C 5 und -5 D 0 und -5

11 Bei einer Funktion $f(x) = ax^2 + c$ hat der Faktor a Einfluss auf die ...

A Streckung/Stauchung

B Verschiebung nach rechts/links

C Öffnung nach oben/unten

D Verschiebung nach oben/unten

9 bis 11 Aufgaben sind richtig. Deine Grundfertigkeiten sind gut.
7 bis 8 Aufgaben sind richtig. Deine Grundfertigkeiten sind befriedigend.
Weniger als 7 Aufgaben sind richtig. Deine Grundfertigkeiten sind noch nicht ausreichend.

Aufgaben zum Trainieren

Aufgabe 1

Die Scheitelpunktform einer quadratischen Funktion lautet $f(x) = (x + d)^2 + e$. Hierbei bestimmen d und e die Transformationen, das heißt, die Verschiebung der Normalparabel $f(x) = x^2$.

a) Nenne die Bedeutung der Parameter d und e.

b) Gib die Gleichung der quadratischen Funktion in der Scheitelpunktform an, die ...

   (1) um 3 nach rechts und um 4 nach oben verschoben ist.

   (2) um 2,5 nach links und um 2 nach unten verschoben ist.

c) Gib an, durch welche Transformation die Parabel aus der Normalparabel entsteht:

   (1) $f_1(x) = (x - 1)^2 + 2$

   (2) $f_2(x) = (x - 3)^2$

   (3) $f_3(x) = 0{,}5x^2 - 4$

d) Gib die Funktionen aus 1c) in der allgemeinen Form $f(x) = ax^2 + bx + c$ an.

e) Der Graph der verschobenen Normalparabel hat den Scheitelpunkt S. Gib die Funktionsgleichung in Scheitelpunktform und in allgemeiner Form an.

   (1) $S_1(1|-4)$

   (2) $S_2(-1|3)$

   (3) $S_3(0|6)$

   (4) $S_4(7|0)$

f) Der Graph der Funktion f verläuft durch den Punkt $P(3|4)$. Bestimme den Parameter a.

   (1) $f(x) = ax^2$

   (2) $f(x) = x^2 + a$

   (3) $f(x) = (x - u)^2 - 5$

Aufgabe 2

Bestimme die Funktionsgleichungen.

a)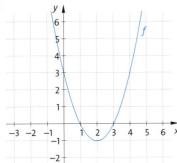

b)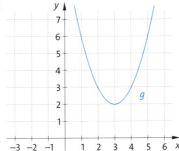

c)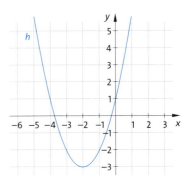

Aufgabe 3

Bestimme den Scheitelpunkt der Funktion und gib danach die Funktionsgleichung in der Scheitelpunktform an.

a) $f_1(x) = x^2 - 4x + 9$ b) $f_2(x) = x^2 + 6x + 5$ c) $f_3(x) = 3x^2 - 24x + 57$

Aufgabe 4

Ein Junge versucht einen Ball über eine 8 m hohe Mauer zu werfen. Seine Flugbahn entspricht dem Graphen zu der Funktion $f(x) = -0{,}4x^2 + 4{,}8x - 4{,}4$ (x und $f(x)$ in Metern).

a) Die Mauer steht bei $x = 4$. Stimmt es, dass der Ball, wie in der Skizze gezeichnet, über die Mauer fliegt? Gib auch an, wo der Ball auf die Mauer trifft bzw. wie hoch er über die Mauer fliegt.

b) Berechne den Punkt jenseits der Mauer, an dem der Ball auf dem Boden aufkommt.

c) Berechne den höchsten Punkt der Flugbahn.

d) Berechne die Abwurfposition auf der x-Achse, an der der Junge steht, wenn er 1,5 m groß ist.

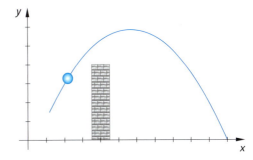

Exponentialfunktionen

Die Beschreibung von Wachstumsvorgängen in den Naturwissenschaften erfordert eine Funktionenart, deren Wachstumsgeschwindigkeit abhängig von der vorhandenen Menge ist. Je größer die Menge, desto größer der Zuwachs. Auch Zerfallsvorgänge können so beschrieben werden.

Test zu den Grundfertigkeiten

1 Welche der Graphen gehören zu einer Exponentialfunktion?

2 Für eine Exponentialfunktion $f(x) = b^x$ gilt: Der Funktionsgraph ...

- **A** schneidet die x-Achse
- **B** schneidet die y-Achse
- **C** liegt oberhalb der x-Achse
- **D** liegt unterhalb der x-Achse

3 Jede Exponentialfunktion $f(x) = a \cdot b^x$ geht durch den Punkt

- **A** (0|0)
- **B** (0|1)
- **C** (0|a)
- **D** (a|0)

4 Für jede Exponentialfunktion $f(x) = a \cdot b^x$ gilt:

- **A** $a > 0$
- **B** $b > 0$
- **C** $f(x) > 0$
- **D** $f(x) \neq 0$

5 Ordne entsprechend zu.

- **A** lineares Wachstum
- **B** exponentielles Wachstum
- **C** lineare Abnahme
- **D** exponentieller Zerfall

6 $f(x) = w_0 \cdot \left(1 + \frac{p}{100}\right)^x$ beschreibt prozentuales Wachstum. Dabei ist...

- **A** w_0 Wachstumsrate
- **B** w_0 Anfangsbestand
- **C** p Wachstumsfaktor
- **D** p Wachstumsrate

7 Die folgende Wertetabelle

x	0	1	2
$f(x)$	0,2	0,4	0,8

gehört zu einer Exponentialfunktion $f(x) = a \cdot b^x$. Bestimme a und b.

- **A** $a = 1; b = 2$
- **B** $a = 0,2; b = 0,4$
- **C** $a = 1; b = 0,2$
- **D** $a = 0,2; b = 2$

8 Eine Bakterienart vermehrt sich exponentiell. Zu Beginn sind 5 Bakterien vorhanden, nach 2 Stunden schon 45. Welche Funktion passt?

- **A** $f(x) = 20x + 5$
- **B** $f(x) = 5 \cdot 3^x$
- **C** $f(x) = 10 \cdot x^2 + 5$
- **D** $f(x) = 3 \cdot 5^x$

9 Für welche Werte von b fällt der Graph von $f(x) = 2,5 \cdot b^x$?

- **A** $b = 2,5$
- **B** $b = 0,5$
- **C** $b = 1,0$
- **D** $0 < b < 1$

10 Der Graph einer Exponentialfunktion $f(x) = a \cdot b^x$ ...

- **A** steigt erst langsam und dann schnell
- **B** fällt erst langsam und dann schnell
- **C** steigt erst schnell und dann langsam
- **D** fällt erst schnell und dann langsam

11 Die Funktion $f(x) = a \cdot b^x$ beschreibt eine exponentielle Abnahme, wenn...

- **A** $a < 0$ und $b > 1$
- **B** $0 < a > 1$ und $b > 0$
- **C** $a > 0$ und $0 < b < 1$
- **D** $a > 1$ und $0 < b < 1$

9 bis 11 Aufgaben sind richtig. Deine Grundfertigkeiten sind gut.
7 bis 8 Aufgaben sind richtig. Deine Grundfertigkeiten sind befriedigend.
Weniger als 7 Aufgaben sind richtig. Deine Grundfertigkeiten sind noch nicht ausreichend.

Aufgaben zum Trainieren

Aufgabe 1

Entscheide, ob exponentielles oder lineares Wachstum vorliegt. Bestimme dann die Wachstumsfunktion.

a)

x	0	1	2
y	25	37,5	56,25

b)

x	−1	1	2
y	−350	50	250

c)

x	2	3	4
y	18	54	162

d)

x	0	1	2
y	60	72	86,4

e)

x	0	1	2
y	80	64	51,2

f)

x	−1	2	3
y	0	30	40

Aufgabe 2

Bestimme in den untenstehenden Gleichungen die fehlende Größe.

a) $a \cdot 2^3 = 16$

b) $a \cdot 0.8^4 = 8192$

c) $400 \cdot b^{2.5} = 80$

d) $a \cdot 0.25^2 + 3 = a \cdot 0.5^3$

e) $280 \cdot b^3 + 120 = 20 \cdot b^3$

f) $b \cdot (2 - b^2) + 2b^3 = 1 + 2b$

Aufgabe 3

Bestimme die Lösung der Gleichung durch Probieren.

a) $5^{x-1} = 25$ b) $6^{x+2} = 36$ c) $4^{3x} = 4096$ d) $2^{2x} = 256$ e) $3^{2x-1} = 243$ f) $8^{3x-7} = 0.125$

Aufgabe 4

a) Die Einwohnerzahl von Lummerland betrug im Jahr 2016 genau 120 Personen. 2017 waren es bereits 126 Personen. Man geht von exponentiellem Wachstum aus.
1. Stelle die Wachstumsfunktion auf!
2. Wie viele Menschen werden im Jahr 2060 auf Lummerland leben?
3. In welchem Jahr wird die Bevölkerung auf über 500 Personen ansteigen?

b) Zu Beginn einer Beobachtung hat ein Körper eine Temperatur von 500 °C. Die Temperatur sinkt jeweils innerhalb einer Stunde auf die Hälfte ihres Wertes. Der Abkühlungsprozess ist exponentiell.
1. Stelle die Wachstumsfunktion auf.
2. Welche Temperatur hat der Körper acht Stunden nach Beginn des Beobachtungszeitraums?
3. Welche Temperatur hatte der Körper drei Stunden vor Beobachtungsbeginn?
4. Nach welcher Zeit beträgt die Temperatur des Körpers nur noch 1 °C?

c) Eine Masse vermehrt sich innerhalb einer Woche um 25 %. Zu Beginn der Messung sind 250 Einheiten vorhanden.
1. Bestimme die Wachstumsfunktion, gib Wachstumsrate, -faktor und den Anfangsbestand an.
2. Wie viele Einheiten sind nach 5 Wochen vorhanden?
3. Berechne, wie viele Einheiten drei Wochen vor Beobachtungsbeginn da waren.
4. Bestimme die Verdopplungszeit.

d) Ein Kapital von 3000 Euro wird angelegt und mit 4 % verzinst.
1. Wie groß ist es nach 12 Jahren?
2. Nach wie vielen Jahren ist es auf 4000 Euro angewachsen?
3. Mit welchem Zinssatz müsste es verzinst werden, damit es innerhalb von 10 Jahren auf 5500 Euro anwächst?

e) Kurz nach Einnahme einer normalen Dosis lässt sich ein Medikament in einer Konzentration von 5 mg/l im Blut nachweisen. Die Konzentration nimmt exponentiell ab mit einer Halbwertzeit von 3 Stunden. Ist sie auf weniger als 1 mg/l gesunken, hat das Medikament keine Wirkung mehr.
1. Bestimme den Zerfallsfaktor pro Stunde, die Zerfallsrate und die Zerfallsfunktion.
2. Tabelliere den Konzentrationsverlauf für die ersten 10 Stunden nach Nachweis der Konzentration von 5 mg/l.
3. Gib den Zeitpunkt an, an dem die Konzentration im Blut unter die Wirksamkeitsgrenze fällt.

Rechtwinklige Dreiecke

Bei Berechnungen an geometrischen Figuren helfen oft Skizzen, den Lösungsansatz zu finden. Ist die Zeichnung relativ maßstabsgetreu, können mit ihr auch die Lösungen abgeschätzt werden. In zahlreichen Situationen hilft der Satz des Pythagoras weiter. Beachte, dass er nur für rechtwinklige Dreiecke gilt.

Tests zu den Grundfertigkeiten

1 Welche der Formeln gelten nach dem Satz des Pythagoras?

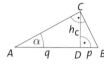

A $a^2 + b^2 = c^2$ **B** $h_c^2 = a^2 + p^2$

C $q^2 + h_c^2 = a^2$ **D** $b^2 = q^2 + h_c^2$

2 Gib die Länge der Hypotenuse c im rechtwinkligen Dreieck ABC mit $a = 6\,cm$ und $b = 8\,cm$ an.

A $c = 4\,cm$ **B** $c = 7\,cm$

C $c = 10\,cm$ **D** $c = 100\,cm$

3 Berechne die Längen der blauen Strecken.

a)

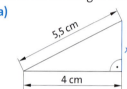

A $x \approx 3{,}775\,cm$ **B** $x \approx 14{,}25\,cm$

C $x \approx 37{,}75\,cm$ **D** $x \approx 1{,}425\,cm$

b)

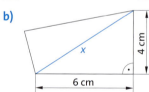

A $x \approx 5{,}20\,cm$ **B** $x \approx 3{,}16\,cm$

C $x \approx 7{,}21\,cm$ **D** $x \approx \sqrt{52}\,cm$

c)

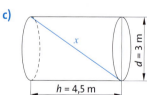

A $x \approx 7{,}5\,m$ **B** $x \approx 5{,}41\,m$

C $x \approx \sqrt{29{,}25}\,m$ **D** $x \approx 2{,}74\,m$

4 Ermittle mit Hilfe des Taschenrechners die wahren Aussagen.

A $\sin(30°) = \frac{1}{2}$ **B** $\cos(30°) \approx 0{,}87$

C $\tan(30°) \approx -6{,}4$ **D** $\sin(60°) = \cos(30°)$

5 Welche der folgenden Seitenverhältnisse sind für das rechtwinklige Dreieck ABC in Aufgabe 1 korrekt?

A $\sin \alpha = \frac{a}{c}$ **B** $\sin \alpha = \frac{h_c}{q}$

C $\cos \alpha = \frac{q}{b}$ **D** $\tan \alpha = \frac{h_c}{q}$

6 Berechne die Längen der Strecken x und y.

A $x \approx 4\,cm$ **B** $x \approx 5\,cm$

C $y \approx 7{,}2\,cm$ **D** $y \approx 10{,}7\,cm$

7 Berechne die Größe der Winkel α und β.

A $\alpha \approx 31°$ **B** $\alpha \approx 59°$

C $\beta \approx 31°$ **D** $\beta \approx 59°$

8 Fertige eine Planfigur für folgendes Dreieck an: $c = 6\,m$, $\alpha = 42°$ und $\gamma = 90°$. Berechne den Umfang u und den Flächeninhalt A des Dreiecks.

Planfigur:

A $u = 0{,}5\,m$; $A = 7\,m^2$ **B** $u = 12\,m$; $A = 8\,m^2$

C $u = 14{,}5\,m$; $A = 9\,m^2$ **D** $u = 16\,m$; $A = 10\,m^2$

9 Berechne die Höhe h_c eines gleichseitigen Dreiecks mit der Seitenlänge $a = 8\,cm$.

A $h_c = 5{,}9\,cm$ **B** $h_c = 6{,}9\,cm$

C $h_c = 7{,}9\,cm$ **D** $h_c = 8{,}9\,cm$

9 bis 11 Aufgaben sind richtig. Deine Grundfertigkeiten sind gut.
7 bis 8 Aufgaben sind richtig. Deine Grundfertigkeiten sind befriedigend.
Weniger als 7 Aufgaben sind richtig. Deine Grundfertigkeiten sind noch nicht ausreichend.

Aufgaben zum Trainieren

Aufgabe 1

Gib die Katheten und die Hypotenuse an und notiere dann den Satz des Pythagoras.
Bsp.: Katheten: x und z; Hypotenuse: y; Satz des Pythagoras: $x^2 + z^2 = y^2$

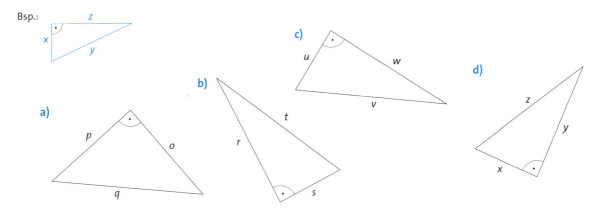

Aufgabe 2

Überlege zunächst, ob die Länge einer Kathete oder der Hypotenuse gesucht wird. Berechne dann die fehlende Seitenlänge mit dem Satz des Pythagoras.

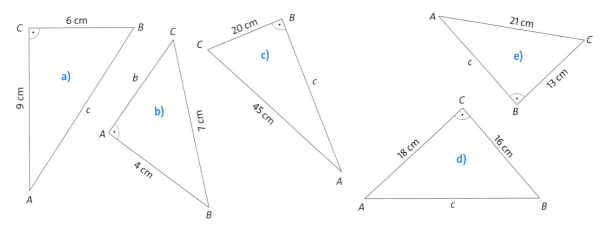

Aufgabe 3

Berechne die Länge der fehlenden Seiten, den Umfang u und den Flächeninhalt A der rechtwinkligen Dreiecke.

a)

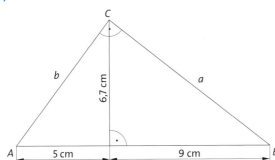

b)

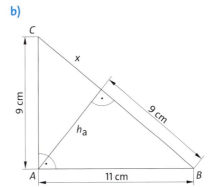

Aufgabe 4

Berechne für die folgenden rechtwinkligen Dreiecke jeweils die fehlende Seitenlänge, den Umfang u und den Flächeninhalt A des Dreiecks. Fertige zunächst eine Planfigur an und markiere die gegebenen Stücke farbig.

a) $a = 7\,cm$; $b = 10\,cm$; $\gamma = 90°$

b) $a = 9\,cm$; $c = 11\,cm$; $\gamma = 90°$

c) $b = 15\,cm$; $c = 22\,cm$; $\alpha = 90°$

d) $a = 14\,cm$; $b = 16{,}1\,cm$; $\beta = 90°$

e) $a = 1{,}7\,cm$; $c = 23\,mm$; $\beta = 90°$

f) $a = 1931\,m$; $b = 0{,}7\,km$; $\alpha = 90°$

Aufgabe 5

Überprüfe, ob das Dreieck ABC ein rechtwinkliges Dreieck ist. Ist dies der Fall, so gib an, welcher Winkel rechtwinklig ist.

a) $a = 4\,cm$; $b = 8\,cm$; $c = 9{,}5\,cm$

b) $a = 7\,cm$; $c = 3\,cm$; $c = 6{,}3\,cm$

c) $a = 10{,}5\,cm$; $b = 14\,cm$; $c = 9{,}3\,cm$

d) $a = 8{,}5\,cm$; $b = 4{,}1\,cm$; $c = 6{,}6\,cm$

e) $a = 15{,}2\,cm$; $b = 21{,}4\,cm$; $c = 25\,cm$

f) $a = 12{,}5\,cm$; $b = 12{,}5\,cm$; $c = 17{,}7\,cm$

Aufgabe 6

Eine Leiter ist 7 m lang.

a) Die Leiter wird 3 m von einer Wand entfernt aufgestellt. In welcher Höhe liegt die Leiter an der Wand an?

b) In welchem Abstand von der Wand muss die Leiter aufgestellt werden, wenn sie in einer Höhe von 6,7 m an der Wand anliegt.

Aufgabe 7

Löse jede Teilaufgabe mithilfe von Rechnungen. Entwickle dafür geeignete Skizzen.
Fertige maßstäbliche Zeichnungen an, um die Lösungen näherungsweise zu kontrollieren.

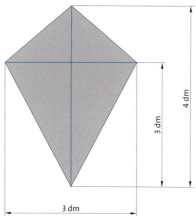

a) Die Diagonalen eines Drachens haben die in der Zeichnung angegebenen Abmessungen. Bestimme die Länge jeder Seite und den Flächeninhalt des Drachens.

b) Maria und Jan probieren im Herbst einen Drachen aus. Jan hält die 100 m lange Drachenschnur fest. Maria steht 80 m (80 große Schritte) entfernt direkt unter dem Drachen.
Wie hoch fliegt der Drachen?
Erläutere, warum der Drachen in Wirklichkeit tiefer steht als im Ergebnis angegeben.

Aufgabe 8

Birgit möchte eine gerade quadratische Pyramide basteln. Sie zeichnet ein Netz dieses Körpers.
Die Seitenlänge a der Grundfläche beträgt 5 cm und die Höhe h_s der Seitenfläche 6 cm.

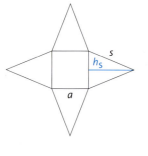
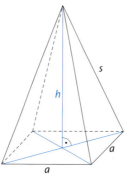

a) Berechne den Flächeninhalt einer Seitenfläche.

b) Bestimme die Länge der Kante s.

c) Welche Höhe h hat die fertige Pyramide?

Aufgabe 9

Berechne die fehlenden Seiten und Winkel im rechtwinkligen Dreieck *ABC*. Entwirf zunächst eine Planfigur und markiere die gegebenen Stücke farbig.

	a	b	c	α	β	γ
a)	1 m		5 m			90°
b)	6 cm	2,5 cm				90°
c)		5,4 dm			58°	90°
d)	5 km			90°	73°	
e)		564 mm			90°	46°
f)	2,8 cm		4,3 cm		90°	
g)			8 km	90°		66°

Aufgabe 10

Löse die Sachaufgaben. Zeichne geeignete Skizzen und kennzeichne die gegebenen und gesuchten Größen.

a) Ingrid liest auf einem Verkehrsschild: „Steigung 12 %". Frauke erklärt ihr, dass auf 100 m waagerechter Entfernung die Höhe um 12 m zunimmt. Bestimme den Steigungswinkel.

b) Klaus hat bei einer Seilbahnfahrt an der Talstation folgende Durchschnittsangaben gefunden:
Geschwindigkeit der Seilbahn: $2\frac{m}{s}$; Steigungswinkel: 20°; Fahrtdauer: 10 min.
Berechne den Weg, den die Seilbahn zurücklegt. Welcher Höhenunterschied wird mithilfe der Seilbahn überwunden?

Aufgabe 11

Die Firma Schmidt schließt an einer Außenleuchte einen Infrarot-Bewegungsmelder an. Dieser wird in einer Höhe von 2 m am Bürogebäude angebracht. Er schaltet die Lampe ein, wenn man sich ihr nähert.

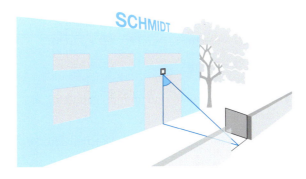

a) Wie groß muss der Neigungswinkel zur Vertikalen sein, damit die Lampe angeht, wenn man das 5 m vom Bürogebäude entfernte Tor öffnet?

b) Berechne, bei welcher Entfernung vom Gebäude die Lampe angeht, wenn der Neigungswinkel zur Vertikalen 52° beträgt.

c) Bei welcher Entfernung vom Gebäude wird die Lampe angehen, wenn der Neigungswinkel 52° beträgt und der Bewegungsmelder in einer Höhe von 1,80 m angebracht ist?

Aufgabe 12

Das Viereck *ABCD* ist ein gleichschenkliges Trapez, dessen Eckpunkte auf einem Kreis mit dem Durchmesser $\overline{AB}$ liegen. Es seien $\overline{AB}$ = 9 cm und α = 30°.

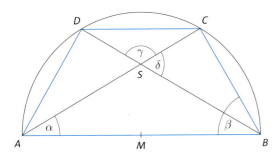

a) Ermittle mithilfe von Rechnungen die Größe der Winkel β, γ und δ.
b) Ermittle die Länge der Strecke $\overline{CD}$.
c) Berechne den Umfang *u* und den Flächeninhalt *A* des Trapezes.
d) Zerlegen die Diagonalen das Trapez in ähnliche Dreiecke? Begründe deine Antwort.
e) Konstruiere das Trapez *ABCD*.

Geometrie in der Ebene

Berechnungen an geometrischen Figuren hatten schon im Altertum eine große Bedeutung. Diese ergaben sich aus praktischen Bedürfnissen z. B.: Wie weit geht mein Feld? Wie groß ist das Gebäude? Überall im täglichen Leben gibt es Objekte, die näherungsweise die Form ebener geometrischer Figuren haben.

Tests zu den Grundfertigkeiten

1 Gegeben ist ein Rechteck mit den Seitenlängen $a = 9\,cm$ und $b = 12\,cm$. Ermittle den Umfang u und den Flächeninhalt A des Rechtecks.

A $u = 21\,cm$ **B** $u = 42\,cm$

C $A = 108\,cm^2$ **D** $A = 216\,cm^2$

2 Ermittle den Flächeninhalt des Dreiecks.

$h_c = 5\,cm$
$c = 7\,cm$

A $A = 12\,cm^2$ **B** $A = 17,5\,cm^2$

C $A = 35\,cm^2$ **D** $A = 70\,cm^2$

3 Welche der folgenden Flächen hat den kleinsten Flächeninhalt?

A Raute mit den Diagonalen $e = 5\,cm$ und $f = 8\,cm$

B Kreis mit dem Durchmesser $d = 5\,cm$

C Trapez mit $a \parallel c$ und $a = 5\,cm$, $c = 8\,cm$, $h = 3\,cm$

D Dreieck mit $\alpha = 90°$; $a = 8,9\,cm$; $b = 5,5\,cm$; $c = 7\,cm$

4 Welche der folgenden Flächen hat den kleinsten Umfang?

A Raute mit der Seitenlänge $a = 5\,cm$

B Kreis mit Durchmesser $d = 5\,cm$

C Parallelogramm mit den Seitenlängen $a = 5\,cm$ und $b = 3\,cm$

D Dreieck mit $a = 8,9\,cm$; $b = 5,5\,cm$; $c = 7\,cm$

5 Berechne den Flächeninhalt eines Kreisrings mit $r_a = 2,5\,cm$ und $r_i = 1,3\,cm$.

A $A \approx 14,3\,cm^2$ **B** $A \approx 10,2\,cm^2$

C $A \approx 9,7\,cm^2$ **D** $A \approx 3,8\,cm^2$

6 Berechne die Größe des Winkels β.

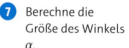

A $\beta = 45°$

B $\beta = 55°$

C $\beta = 83°$

D $\beta = 48°$

7 Berechne die Größe des Winkels α.

A $\alpha = 65°$

B $\alpha = 75°$

C $\alpha = 115°$

D $\alpha = 135°$

8 Berechne die Länge der Strecke $\overline{CD}$, wenn $\overline{ZA} = 4,2\,cm$, $\overline{ZC} = 3,5\,cm$, $\overline{ZB} = 7,8\,cm$ gilt.

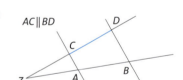

$AC \parallel BD$

A $\overline{CD} = 3,2\,cm$ **B** $\overline{CD} = 3,6\,cm$

C $\overline{CD} = 3,0\,cm$ **D** $\overline{CD} = 3,4\,cm$

9 Welche der Figuren sind (immer) Parallelogramme?

A Quadrate   **B** Drachenvierecke

C Rauten   **D** Trapeze

10 Die Länge der Originalstrecke ist 8 km. Die Länge der Bildstrecke beträgt 4 cm. Gib den Maßstab an.

A $1 : 200\,000$ **B** $200\,000 : 1$

C $800\,000 : 2$ **D** $8 : 400\,000$

---

8 bis 10 Aufgaben sind richtig. Deine Grundfertigkeiten sind gut.
6 bis 7 Aufgaben sind richtig. Deine Grundfertigkeiten sind befriedigend.
Weniger als 6 Aufgaben sind richtig. Deine Grundfertigkeiten sind noch nicht ausreichend.

Aufgaben zum Trainieren

Aufgabe 1

Berechne den Flächeninhalt und den Umfang der folgenden Vierecke.

a)

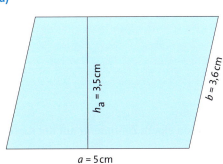

b)

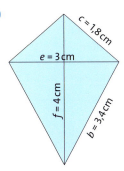

c)

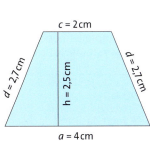

Aufgabe 2

Löse die folgenden Aufgaben.

a) Ein Quadrat hat einen Flächeninhalt von 20,25 cm². Berechne die Seitenlänge.

b) Ein Rechteck hat einen Umfang von 26 m. Eine Seite ist 5,5 m lang. Wie lang ist die andere Seite des Rechtecks?

c) Ein Trapez hat die parallelen Seiten a und c. Seite a ist 8 cm lang, die Höhe beträgt 6 cm. Das Trapez hat einen Flächeninhalt von 39 cm². Berechne die Länge der Seite c.

d) Ein gleichschenkliges Dreieck mit $a = b$ und $c = 7$ cm hat einen Umfang von 26 cm. Berechne die Länge der Seiten a und b.

e) Ein Kreis hat einen Umfang von 53,4 cm. Bestimme den Radius des Kreises und berechne seinen Flächeninhalt.

f) Ein Kreis hat einen Flächeninhalt von 490,9 cm². Berechne den Radius, den Durchmesser und den Umfang des Kreises.

Aufgabe 3

In der nebenstehenden Zeichnung sind die Strecken $\overline{BD}$ und $\overline{CE}$ parallel. Berechne die Länge der gesuchten Strecken.

a) $\overline{AB} = 5$ cm; $\overline{AC} = 8$ cm; $\overline{BD} = 4$ cm   gesucht: $\overline{CE}$
b) $\overline{AD} = 4$ cm; $\overline{AE} = 7$ cm; $\overline{AB} = 6$ cm   gesucht: $\overline{AC}$
c) $\overline{BD} = 2$ cm; $\overline{CE} = 5$ cm; $\overline{AD} = 3$ cm   gesucht: $\overline{DE}$
d) $\overline{AD} = 2,5$ cm; $\overline{DE} = 4$ cm; $\overline{BC} = 10$ cm   gesucht: $\overline{AB}$

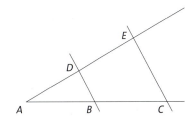

Aufgabe 4

In der nebenstehenden Abbildung verlaufen die Geraden g und h parallel zueinander.
Sind die folgenden Aussagen richtig oder falsch? Begründe deine Meinung.

a) Winkel α hat eine Größe von 73°.
b) Winkel β hat eine Größe von 73°.
c) Winkel γ hat eine Größe von 61°.
d) Winkel δ hat eine Größe von 29°.
e) Winkel ε hat eine Größe von 44°.

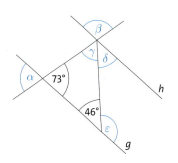

Aufgabe 5

Von einem rechteckigen Sportplatz ABCD sind die Diagonale $\overline{AC}$ = 125 m und die Seite $\overline{BC}$ = 75 m bekannt.

a) Zeichne zuerst eine Skizze und konstruiere danach das Rechteck ABCD im Maßstab 1 : 1000 aus den gegebenen Werten.

b) Berechne die Länge der Rechteckseite $\overline{AB}$.

c) Der rechteckige Sportplatz soll mit einem hohen Zaun eingezäunt werden. Alle 5 Meter werden dafür Zaunpfeiler benötigt. Wie viele Zaunpfeiler sind zu setzen?

d) Gib den Flächeninhalt des rechteckigen Sportplatzes an.

e) Ein anderer Sportplatz hat den gleichen Flächeninhalt, ist jedoch quadratisch. Welche Seitenlänge hat er?

Aufgabe 6

Die Karte zeigt das Land Sachsen im Maßstab 1 : 1500 000, d. h., eine Strecke von einem Zentimeter auf der Karte ist in der Realität 15 km lang.

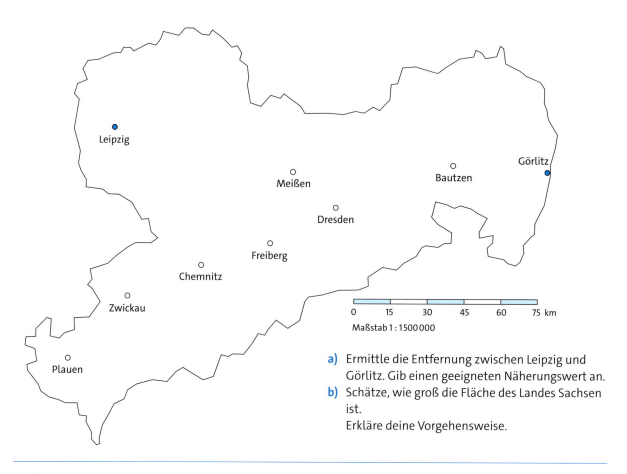

Maßstab 1 : 1500 000

a) Ermittle die Entfernung zwischen Leipzig und Görlitz. Gib einen geeigneten Näherungswert an.

b) Schätze, wie groß die Fläche des Landes Sachsen ist.
Erkläre deine Vorgehensweise.

Aufgabe 7

Die Figuren entstanden aus Quadraten mit der Seitenlänge a und Kreisen, deren Durchmesser d so lang wie a ist.

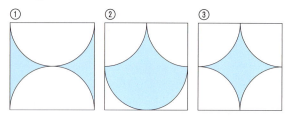

a) Zeichne die Figuren. Beginne jeweils mit einem Quadrat mit 1 dm langen Seiten.

b) Ermittle den Flächeninhalt des blauen Anteils in jeder Figur, wenn der Durchmesser d = 1 dm und die Seitenlänge a = 1 dm betragen.

c) Ermittle die Umfänge der blauen Flächen in Bild (1) und (3), wenn d = 1 dm und a = 1 dm.

d) Wie viel Prozent vom Flächeninhalt des jeweiligen Quadrates sind blau gefärbt?

Aufgabe 8

Um die Breite eines Flusses zu bestimmen, wurde im Gelände die abgebildete Figur *ABEF* abgesteckt und der Punkt *C* angepeilt.
Die bekannten Streckenlängen sind: $\overline{AF}$ = 55 m; $\overline{BE}$ = 30 m; $\overline{FE}$ = 45 m; $\overline{DE}$ = 15 m.

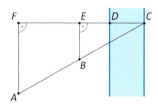

a) Ermittle die Flussbreite zeichnerisch. Verwende dazu einen geeigneten Maßstab.

b) Berechne die Breite des Flusses unter Verwendung der gegebenen Streckenlängen.

Aufgabe 9

Eine Gemeinde bietet die Grundstücke *A*, *B*, …, *F* zum Kauf an.

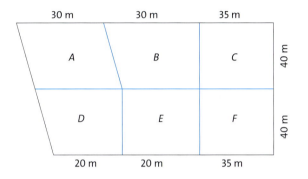

a) Berechne die Flächeninhalte der Grundstücke.

b) Der Grundstückspreis liegt bei 130,00 € pro m². Familie Meier kann maximal 150 000,00 € für ihr Grundstück zahlen.
Welche Flächen könnte sie sich kaufen?

c) Die Besitzer von Grundstück *A* möchten dieses vollständig einzäunen und ein 3 m breites Tor einbauen.
Wie viel Meter Zaun werden dafür benötigt?

d) Rechts von Grundstück *C* und *F* liegt ein 80 m langes Grundstück mit einem Flächeninhalt von 1400 m². Wie breit ist es?

Aufgabe 10

Eine Fläche von 200 m mal 400 m wird neu geordnet. Die Tabelle gibt die dadurch auftretenden Kosten an.

	zu Erholungsfläche	zu Landwirtschaftsfläche	zu Industriefläche
von Erholungsfläche	–	25,00 € pro m²	20,00 € pro m²
von Landwirtschaftsfläche	20,00 € pro m²	–	15,00 € pro m²
von Industriefläche	40,00 € pro m²	35,00 € pro m²	–

a) Bestimme jeweils für die alte (linke) und für die neue (rechte) Einteilung die Größe der Erholungsfläche, der Industriefläche und der Landwirtschaftsfläche. Gib jeweils den Anteil von der Gesamtfläche in Prozent an.

b) Zeichne eine „Kostenkarte". Trage dazu die alte sowie die neue Art der Flächennutzung und die jeweils entstehenden Kosten in ein maßstäblich gezeichnetes Rechteck ein.

c) Wie groß ist die Fläche, auf der es keine Nutzungsänderungen gibt?

d) Bestimme die Größe der Fläche, die von einer Erholungsfläche zu einer Industriefläche umgewandelt wird.

e) Überlege, wie mithilfe einer Tabelle die einzelnen Nutzungsänderungen in Quadratmeter übersichtlich angegeben werden können. Entwirf eine geeignete Tabelle.

f) Berechne die Gesamtkosten der Neuordnung.

g) Finde eine preisgünstigere Möglichkeit der Umstrukturierung. Beachte die gegebenen Flächengrößen.

Geometrie im Raum

Geometrische Körper werden oft zum Beschreiben realer Körper genutzt. Eine Litfaßsäule und eine Konservendose können z. B. vereinfacht als Zylinder aufgefasst werden. Bei der Berechnung des Oberflächeninhalts und des Volumens können Formeln angewandt werden. Die benötigten Formeln stehen im Tafelwerk.

Tests zu den Grundfertigkeiten

1 Gegeben ist ein Würfel mit einer Kantenlänge von 5 cm. Ermittle das Volumen V und den Oberflächeninhalt A_O des Würfels.

A $V = 25 \, \text{cm}^3$ **B** $V = 125 \, \text{cm}^3$

C $A_O = 100 \, \text{cm}^2$ **D** $A_O = 150 \, \text{cm}^2$

2 Ein Aquarium aus dünnem Spezialglas hat eine Länge a von 60 cm, eine Breite b von 50 cm und eine Höhe h von 30 cm. Das Aquarium wird bis zur Hälfte mit Wasser gefüllt. Wie viel Wasser enthält das Aquarium?

A $V = 45 \, \text{l}$ **B** $V = 450 \, \text{l}$

C $V = 4500 \, \text{cm}^3$ **D** $V = 45000 \, \text{cm}^3$

3 Das abgebildete Dreieck ist die Grundfläche eines 12 cm hohen Prismas. Bestimme das Volumen des Prismas.

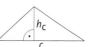

$h_C = 5 \, \text{cm}$
$c = 7 \, \text{cm}$

A $V = 420 \, \text{cm}^3$ **B** $V = 420 \, \text{l}$

C $V = 210 \, \text{cm}^3$ **D** $V = 144 \, \text{cm}^3$

4 Berechne das Volumen V eines geraden Kegels mit der Höhe $h = 4 \, \text{cm}$ und dem Radius $r = 5 \, \text{cm}$.

A $V \approx 314,2 \, \text{cm}^3$ **B** $V \approx 104,7 \, \text{cm}^3$

C $V \approx 83,8 \, \text{cm}^3$ **D** $V \approx 62,8 \, \text{cm}^3$

5 Welcher der folgenden Körper hat das größte Volumen?

A Kegel mit $r = 4 \, \text{cm}$ und $h = 4 \, \text{cm}$

B Kugel mit $d = 4 \, \text{cm}$

C Zylinder mit $d = 4 \, \text{cm}$ und $h = 4 \, \text{cm}$

D quadratische Pyramide mit $a = 4 \, \text{cm}$ und $h = 4 \, \text{cm}$

6 Welcher der folgenden Körper hat den geringsten Oberflächeninhalt A_O?

A Würfel mit der Kantenlänge $a = 6 \, \text{cm}$

B Quader mit den Kantenlängen $a = 5 \, \text{cm}$, $b = 6 \, \text{cm}$ und $c = 7 \, \text{cm}$

C Zylinder mit $r = 3 \, \text{cm}$ und $h = 6 \, \text{cm}$

D Kugel mit $r = 4 \, \text{cm}$

7 Berechne den Flächeninhalt A_M des Mantels eines geraden Zylinders mit dem Radius r von 2 cm und der Höhe h von 8 cm.

A $A_M \approx 32,00 \, \text{cm}^2$ **B** $A_M \approx 100,53 \, \text{cm}^2$

C $A_M \approx 45,36 \, \text{cm}^2$ **D** $A_M \approx 120,78 \, \text{cm}^2$

8 Berechne die Körperhöhe h eines Kegels mit $r = 5 \, \text{cm}$ und einem Volumen von $261,8 \, \text{cm}^3$.

A $h = 1 \, \text{cm}$ **B** $h = 5 \, \text{cm}$

C $h = 8 \, \text{cm}$ **D** $h = 10 \, \text{cm}$

9 Ermittle den Oberflächeninhalt A_O und das Volumen V des Körpers. Er wurde aus $1 \, \text{cm}^3$ großen Würfeln zusammengesetzt.

A $V = 24 \, \text{cm}^3$ **B** $V = 25 \, \text{cm}^3$

C $A_O = 54 \, \text{cm}^2$ **D** $A_O = 52 \, \text{cm}^2$

10 Mit welcher Zahl muss man das Volumen einer Kugel multiplizieren, um das Volumen einer Kugel mit doppeltem Radius zu erhalten?

A 2 **B** 4

C 6 **D** 8

8 bis 10 Aufgaben sind richtig. Deine Grundfertigkeiten sind gut.
6 bis 7 Aufgaben sind richtig. Deine Grundfertigkeiten sind befriedigend.
Weniger als 6 Aufgaben sind richtig. Deine Grundfertigkeiten sind noch nicht ausreichend.

Aufgaben zum Trainieren

Aufgabe 1

Berechne das Volumen V und den Oberflächeninhalt A_O der folgenden Körper.

a) Würfel mit Kantenlänge $a = 12\,cm$

b) Quader mit Kantenlängen $a = 10\,cm$, $b = 15\,cm$ und $c = 2\,dm$

c) 15 cm hohes Prisma mit einem rechtwinkligen Dreieck als Grundfläche und den Seitenlängen $a = 6\,cm$, $b = 8\,cm$ und $c = 10\,cm$

d) Kugel mit dem Radius $r = 9\,cm$

e) 15 cm hohe Pyramide mit einer quadratischen Grundfläche und $a = 10\,cm$

f) 12 cm hoher Kegel mit $r = 9\,cm$

g) 18 cm hoher Zylinder mit $r = 4\,cm$

Aufgabe 2

Berechne das Volumen V und den Oberflächeninhalt A_O der folgenden Körper.

a)   b)   c)   d)

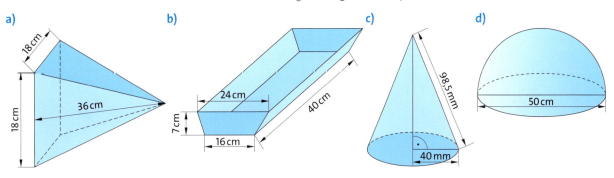

Aufgabe 3

Löse die folgenden Aufgaben.

a) Ein Würfel hat ein Volumen von $4913\,cm^3$. Berechne die Kantenlänge des Würfels.

b) Ein Würfel hat einen Oberflächeninhalt von $3456\,cm^2$. Berechne die Kantenlänge des Würfels.

c) Ein Quader ist 12 cm lang und 8 cm breit. Er besitzt einen Oberflächeninhalt von $792\,cm^2$. Berechne die Höhe des Quaders.

d) Eine Kugel besitzt einen Oberflächeninhalt von $15393,8\,cm^2$. Berechne den Radius der Kugel.

e) Eine quadratische Pyramide, deren Grundfläche 17 m lang ist, hat ein Volumen von $2023\,m^3$. Berechne die Höhe der Pyramide

f) Ein 18 cm hoher Zylinder hat ein Volumen von $9556,7\,cm^3$. Berechne den Radius des Zylinders.

g) Ein Kegel besitzt einen Radius von 7 cm. Die Mantelfläche ist $305,7\,cm^2$ groß. Bestimme zunächst die Länge der Mantellinie s und dann die Höhe des Kegels.

Aufgabe 4

Der Querschnitt eines geraden, 250 m langen Grabens ist gegeben.

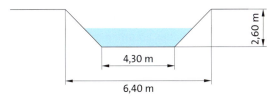

a) Ermittle, wie viel Liter Wasser der Graben höchstens fassen kann.

b) In einem heißen Sommer sinkt der Wasserspiegel bis zur Hälfte der Höhe des Grabens. Wie viel Wasser kann er dann noch aufnehmen?

Aufgabe 5

Gegeben sind Skizzen zusammengesetzter gerader Körper mit entsprechenden Maßangaben.

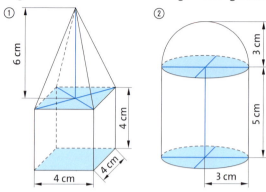

a) Die parallelen Flächen beim Körper ① sind Quadrate. Die parallelen Flächen beim Körper ② sind Kreise. Aus welchen Grundkörpern bestehen sie?

b) Berechne die Volumina der zusammengesetzten Körper. Bestimme dazu jeweils zuerst die Volumina von zwei Teilkörpern.

c) Berechne den Oberflächeninhalt des zweiten zusammengesetzten Körpers. Bestimme dazu zuerst die Flächeninhalte aller Begrenzungsflächen.

Aufgabe 6

Berechne das Volumen der folgenden Körper.

a)

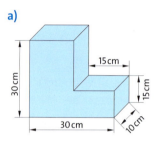

b)

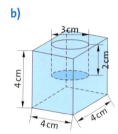

c)

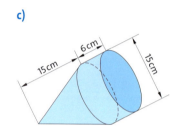

d)

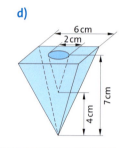

Aufgabe 7

Die Cheops-Pyramide ist die älteste der drei Pyramiden von Gizeh und die höchste Pyramide der Welt. Ursprünglich war sie 280 Königsellen (1 Königselle ≈ 52,3 cm) hoch. Die quadratische Grundfläche maß 440 mal 440 Königsellen.
Heute ist die Cheops-Pyramide etwa 138,50 m hoch und hat eine Grundfläche von 225 m mal 225 m.

a) Zeichne das Schrägbild und das Netz der heutigen Cheops-Pyramide im Maßstab 1 : 2000.

b) Bestimme das Volumen der ursprünglichen und der heutigen Cheops-Pyramide.

c) Wie viel Gestein ist seit dem Bau vor ca. 4600 Jahren verwittert?

d) Ein Internetlexikon gibt das ursprüngliche Gesamtvolumen der Pyramide nach Abzug der Hohlräume mit 2,5 Mio. m³ und die ursprüngliche Mantelfläche mit 85 500 m² an. Ist das möglich? Wie groß sind demnach die Hohlräume?

Aufgabe 8

Löse folgende Aufgaben mithilfe geeigneter Skizzen.

a) Eine gerade Pyramide hat als Grundfläche ein Quadrat mit 60 mm langen Kanten. Sie ist 1 dm hoch. Berechne das Volumen V und den Oberflächeninhalt A_O der Pyramide.

b) Ein gerader Zylinder ist 27 cm hoch. Die Grundfläche hat einen Durchmesser von 12 cm. Berechne das Volumen V und den Oberflächeninhalt A_O des Körpers.

c) Eine oben offene zylindrische Regentonne aus grünem Plastik fasst insgesamt 400 Liter Wasser. Sie hat einen Durchmesser von 80 cm. Wie hoch ist die Tonne?

d) Eine Schokoladenkugel hat einen Innendurchmesser von 25 mm. Sie ist zur Hälfte mit Marzipan gefüllt. Welches Volumen nimmt die Marzipanfüllung ein?

e) Ein Fußball hat einen Radius von 11 cm. Wie viel Quadratzentimeter Leder braucht man mindestens zur Herstellung des Balls? Warum ist es schwer, dafür einen genauen Wert anzugeben?

f) Ein rechtwinkliges Dreieck mit a = 5 cm, b = 3 cm und c = 4 cm rotiert jeweils um eine Kathete. Berechne die Volumina der Rotationskörper.

Aufgabe 9

Ein Blumenkübel aus Beton hat die Form eines geraden Kreiszylinders mit einem Außenradius von 30 cm und einer Höhe von 60 cm. Der für das Einbringen der Blumenerde vorgesehene Innenraum ist auch ein gerader Kreiszylinder. Die Wandstärke von Boden und Seitenwand beträgt 5 cm.

a) Mit wie viel Kubikmeter Erde ist der Blumenkübel vollständig ausgefüllt?

b) Berechne die Masse des leeren Kübels, wenn der verwendete Beton eine Dichte von $2{,}3 \frac{g}{cm^3}$ hat.

c) Damit er wasserdicht ist, soll innen eine Schutzschicht aufgetragen werden. Für wie viel Quadratmeter muss diese reichen, damit 12 Blumenkübel abgedichtet werden können?

Aufgabe 10

Ein Container ist innen 2,80 m lang, 2 m breit und 0,90 m hoch. Damit schnell abgeschätzt werden kann, wie viel Schutt enthalten ist, sollen Markierungen angebracht werden.

Schutthöhe in m	0	0,15	0,30	0,45	0,60	0,75	0,90
Volumen in m³							

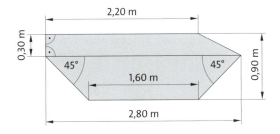

a) Ergänze die Wertetabelle.

b) Der Container ist bis zur halben Höhe mit Schutt gefüllt. Ist er jetzt auch „halb voll"? Begründe deine Meinung.

c) Fertige von dem Container eine Zeichnung in Kavalierperspektive (Schrägbild mit $\alpha = 45°$ und $q = \frac{1}{2}$) im Maßstab 1 : 25 an.

Aufgabe 11

Auf einer Internetseite stand zur abgebildeten Halle:
„Sie hat eine Grundfläche von 66 000 m². Mit einer Länge von 360 m, einer Breite von 210 m und einer Höhe von 107 m ist die Halle so groß, dass in ihr 8 Fußballfelder Platz finden."

a) Skizziere möglichst genau die Grundfläche der Halle.
Beachte dabei die Angaben auf der Internetseite und das Foto.

b) Überprüfe mit deiner Skizze, ob tatsächlich acht Fußballfelder Platz in der Halle finden würden.

c) Beschreibe die Oberfläche der Halle möglichst präzise. Verwende geeignete Fachbegriffe.

Aufgabe 12

Ein gerades vierseitiges Prisma wurde durchbohrt.
Die Grundfläche des Prismas ist ein gleichschenkliges Trapez, dessen parallele Seiten 3 cm und 5 cm lang sind.
Das Trapez ist 3 cm hoch. Der Körper hat eine Höhe von 8 cm.
Die Bohrung hat einen Radius von 6 mm. Der Bohrer wurde im Schnittpunkt der Diagonalen angesetzt.

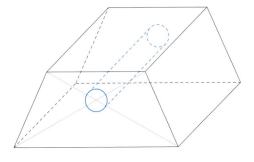

a) Berechne die Länge der Schenkel des Trapezes.

b) Bestimme jeweils die Abstände zwischen dem Rand des Bohrlochs und der nächstliegenden Ecke des Prismas.

c) Berechne den Oberflächeninhalt des Körpers. Berücksichtige dabei auch die Innenfläche der Bohrung.

d) Welche Masse hat ein derartiger Körper aus Stahl? Die Dichte beträgt 7,8 g pro cm³.

Beschreibende Statistik

Der Umgang mit Daten ist in zahlreichen Bereichen von großer Bedeutung, z. B. für Wetteraufzeichnungen, -auswertungen und -vorhersagen. Die Ergebnisse von Untersuchungen werden oft in Diagrammen veranschaulicht und mithilfe von Kennwerten wie beispielsweise dem arithmetischen Mittel beschrieben.

Tests zu den Grundfertigkeiten

1 In einer Schule wurden 144 Schülerinnen und Schüler befragt, wie sie morgens zur Schule gelangen.

Beförderungsmittel	Bus/ Bahn	Fahrrad/ Moped	zu Fuß
absolute Häufigkeit	36	18	90

a) Welche Diagramme könnten bei entsprechender Beschriftung den Sachverhalt darstellen?

A 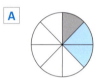   **B**

C 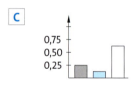   **D**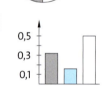

b) Gib die relative Häufigkeit der Schülerinnen und Schüler, die zu Fuß kommen, an.

A 62,5 %   **B** 0,625 %

C $\frac{5}{6}$ **D** 90 %

2 In einem Zoo wiegen die Elefanten 1560 kg, 4500 kg, 2780 kg, 3400 kg, 2860 kg und 620 kg.

a) Die Spannweite beträgt …

A 620 kg   **B** 2780 kg

C 3880 kg   **D** 4500 kg

b) Das arithmetische Mittel der Datenreihe ist …

A 2560 kg   **B** 2620 kg

C 2820 kg   **D** 3880 kg

c) Der Median (oder Zentralwert) der Datenreihe ist …

A 2560 kg   **B** 2620 kg

C 2820 kg   **D** 3880 kg

3 Das arithmetische Mittel ist …

A die Differenz aus Maximum und Minimum

B der Wert, der in einer Datenmenge am häufigsten vorkommt

C der Quotient aus der Summe der betrachteten Zahlen und ihrer Anzahl

D der kleinste Wert einer Datenmenge

4 Welche der folgenden Aussagen zum rechts abgebildeten Boxplot sind korrekt? Nutze das Tafelwerk.

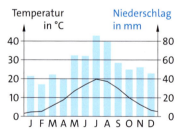

A Das arithmetische Mittel der Datenreihe ist 25 €.

B Das Maximum der Datenreihe ist 35 €.

C Der untere Viertelwert beträgt 20 €.

D 50 % der Befragten erhalten zwischen 20 € und 28 € Taschengeld.

5 Welche der Aussagen passen zur Darstellung?

A Im Juli fällt durchschnittlich die höchste Jahresniederschlagsmenge in Dresden.

B Im Dezember fällt durchschnittlich die drittgrößte monatliche Jahresniederschlagsmenge.

C In Dresden beträgt die durchschnittliche Niederschlagsmenge pro Monat ca. 50 mm.

D In 5 Monaten eines Kalenderjahres liegt die Durchschnittstemperatur in Dresden über 10 °C.

7 bis 8 Aufgaben sind richtig. Deine Grundfertigkeiten sind gut.
5 bis 6 Aufgaben sind richtig. Deine Grundfertigkeiten sind befriedigend.
Weniger als 5 Aufgaben sind richtig. Deine Grundfertigkeiten sind noch nicht ausreichend.

Aufgaben zum Trainieren

Aufgabe 1

Bei einer Verkehrszählung wurde die Anzahl der Personen pro Pkw in einer Urliste erfasst.

1; 1; 2; 1; 2; 1; 1; 1; 2; 4; 1; 2; 3; 1; 2; 5; 2; 1; 1; 3; 4; 4; 1; 4; 1; 2; 5; 1; 2; 2; 2; 1; 1; 4; 1; 2; 1; 1; 1; 2; 2; 1; 1; 1; 2; 3; 4; 1; 2; 2

a) Lege eine Häufigkeitstabelle zur beobachteten Anzahl der Personen pro Pkw an. Trage die absoluten und die relativen Häufigkeiten ein.

b) Veranschauliche die Verteilung in einem Kreisdiagramm und in einem Säulendiagramm. Welcher Diagrammtyp erscheint dir zur Veranschaulichung geeigneter? Nenne einen Grund.

c) Wie viele Personen saßen durchschnittlich in einem Pkw?

d) Gib die Anzahl der Personen pro Pkw an, die am häufigsten auftrat.

e) Gib den Zentralwert (Median) der Anzahl der Personen pro Pkw an.

Aufgabe 2

Schülerinnen und Schüler wurden zu den monatlichen Kosten für Handys befragt.

Jungen: 19€; 24€; 11€; 30€; 13€; 27€; 25€; 11€
Mädchen: 12€; 45€; 15€; 50€; 10€; 12€; 15€; 43€; 5€; 7€; 42€; 8€

a) Ermittle jeweils arithmetisches Mittel, Median und Spannweite.

b) Welcher Fakt wird beim Vergleich beider arithmetischer Mittel nicht erkennbar?

c) Vervollständige: Die Hälfte der Jungen hat monatliche Handykosten von weniger als

_____ .

Aufgabe 3

Hier siehst du drei Zeitungsausschnitte zum Thema Hauptschulen in Deutschland.

Hauptschulen in Deutschland

Anzahl Schüler an Hauptschulen

Schuljahr	2013/14	2014/15	2015/16
Anzahl Schüler	554.000	508.000	466.000

Hauptschulsterben in Deutschland
Die Hauptschulen in Deutschland sterben aus! Gab es im Schuljahr 2014/15 an deutschen Hauptschulen noch 28.114 Klassen, so waren es im Schuljahr 2015/16 nur noch 25.886 Klassen.

a) Wie viele Hauptschulen gab es im Schuljahr 2015/16 in Deutschland?

b) Beurteile die folgenden Aussagen:
  • Die Anzahl der Klassen ist zwischen den Schuljahren 2014/15 und 2015/16 um ca. 8% zurückgegangen.
  • Die Anzahl der Hauptschulen hat sich zwischen den Schuljahren 2013/14 und 2015/16 mehr als halbiert.
  • Im Schuljahr 2014/15 waren an Hauptschulen durchschnittlich 18 Schüler in einer Klasse.

c) Jan behauptet: „Im Schuljahr 2015/16 gab es an einer deutschen Hauptschule durchschnittlich 160 Schüler in neun Klassen."
Ist Jans Aussage korrekt? Begründe.

d) Zeichne für die Anzahl der Schüler an Hauptschulen ein faires Säulendiagramm und eines, das ein sehr starkes Schrumpfen der Schüler an Hauptschulen vermittelt.

e) Überprüfe für die Schuljahre 2014/15 und 2015/16, ob die Anzahl der Hauptschulen, der Klassen und der Schüler im gleichen Maße zurückgehen.

Wahrscheinlichkeitsrechnung

Die Wahrscheinlichkeitsrechnung ist ein Gebiet der Mathematik, das in zahlreichen Anwendungsgebieten eine große Bedeutung besitzt. Sie befasst sich vor allen Dingen damit, das Zufällige, also das Unberechenbare, in gewisser Weise doch berechenbar zu machen.

Tests zu den Grundfertigkeiten

1 Bei welchen Zufallsexperimenten handelt es sich um ein Laplace-Experiment?

- **A** Würfeln mit einem Spielwürfel
- **B** Würfeln mit einem Quader
- **C** Wurf einer Münze
- **D** Ziehen einer Kugel aus einer Urne mit je einer roten, blauen und gelben Kugel

2 Eine Münze wird einmal geworfen. Mit welcher Wahrscheinlichkeit liegt „Zahl" oben?

- **A** $\frac{1}{2}$
- **B** 0,2
- **C** 2
- **D** 0,5

3 Tritt ein Ereignis E mit absoluter Sicherheit ein, so ist ...

- **A** $P(E) = 0$
- **B** $P(E) = 0,5$
- **C** $P(E) = 1$
- **D** $P(E) = 100\%$

4 Liegt die Wahrscheinlichkeit dafür, dass ein Ereignis eintritt bei 60 %, so ist die Wahrscheinlichkeit dafür, dass das Ereignis nicht eintritt ...

- **A** 60 %
- **B** 40 %
- **C** 0
- **D** $\frac{2}{5}$

5 Ein Spielwürfel wird einmal geworfen. Mit welcher Wahrscheinlichkeit fällt eine Zahl, die kleiner als 5 ist?

- **A** 4 %
- **B** 5 %
- **C** $\frac{2}{3}$
- **D** $\frac{5}{6}$

6 In einem Korb mit 30 Eiern liegen 6 angeschlagene Eier. Mit welcher Wahrscheinlichkeit entnimmt man dem Korb beim einmaligen Ziehen ein ganzes Ei?

- **A** $\frac{4}{5}$
- **B** $\frac{6}{30}$
- **C** 80 %
- **D** $\frac{24}{30}$

7 Kann ein Ereignis E nicht eintreten, so ist ...

- **A** $P(E) = 0$
- **B** $P(E) = 0,5$
- **C** $P(E) = 1$
- **D** $P(E) = 100\%$

8 Für welche Ereignisse beim Würfeln mit einem Spielwürfel ist die Wahrscheinlichkeit $\frac{1}{3}$?

- **A** 3 teilt die geworfene Augenzahl.
- **B** 3 ist die geworfene Augenzahl.
- **C** Die geworfene Augenzahl ist kleiner als 3.
- **D** Die geworfene Augenzahl ist größer als 3.

9 In einer Urne befinden sich vier schwarze und sechs weiße Kugeln. Mit welcher Wahrscheinlichkeit zieht man bei zweimaligem Ziehen zwei weiße Kugeln?

a) wenn die zuerst gezogene Kugel zurückgelegt wird ...

- **A** 12 %
- **B** 24 %
- **C** 36 %
- **D** 60 %

b) wenn die zuerst gezogene Kugel nicht zurückgelegt wird ...

- **A** $\frac{1}{4}$
- **B** $\frac{1}{3}$
- **C** $\frac{1}{2}$
- **D** $\frac{11}{20}$

10 Zwei Spielwürfel werden gleichzeitig geworfen. Mit welcher Wahrscheinlichkeit zeigen beide Würfel zusammen 9 Augen?

- **A** $\frac{2}{6}$
- **B** $\frac{2}{36}$
- **C** $\frac{4}{6}$
- **D** $\frac{4}{36}$

11 Eine Münze wird zweimal hintereinander geworfen. Wie groß ist die Wahrscheinlichkeit, dass bei beiden Würfen „Zahl" oben liegt?

- **A** $\frac{1}{4}$
- **B** $\frac{2}{4}$
- **C** $\frac{3}{4}$
- **D** $\frac{1}{2}$

---

10 bis 12 Aufgaben sind richtig. Deine Grundfertigkeiten sind gut.
7 bis 9 Aufgaben sind richtig. Deine Grundfertigkeiten sind befriedigend.
Weniger als 9 Aufgaben sind richtig. Deine Grundfertigkeiten sind noch nicht ausreichend.

Aufgaben zum Trainieren

Aufgabe 1

Ein Glücksrad besteht aus zwei weißen und acht schwarzen Feldern. Alle Felder sind gleich groß. Es wird zweimal gedreht.

a) Zeichne ein passendes Baumdiagramm mit Wahrscheinlichkeiten an den Ästen.

b) Berechne die Wahrscheinlichkeit dafür, dass beide Male auf ein schwarzes Feld gedreht wird.

c) Bestimme die Wahrscheinlichkeit dafür, dass erst auf ein weißes und dann auf ein schwarzes Feld gedreht wird.

d) Bestimme die Wahrscheinlichkeit dafür, dass die beiden gedrehten Farben gleich sind.

e) Wie verändern sich die Wahrscheinlichkeiten, wenn die Anzahl der weißen und schwarzen Felder verdoppelt wird?

f) Das Glücksrad soll 30 Felder enthalten. Wie viele Felder müssen weiß sein, wenn sich die Wahrscheinlichkeiten nicht verändern sollen?

Aufgabe 2

Aus der abgebildeten Urne mit schwarzen und blauen Kugeln werden willkürlich zwei Kugeln nacheinander entnommen.

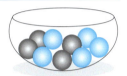

a) Mit welcher Wahrscheinlichkeit sind sie gleichfarbig, wenn die entnommene Kugel wieder zurückgelegt wird?

b) Mit welcher Wahrscheinlichkeit sind sie gleichfarbig, wenn die entnommene Kugel nicht zurückgelegt wird?

c) Mit welcher Wahrscheinlichkeit haben die Kugeln unterschiedliche Farben, wenn die entnommene Kugel wieder zurückgelegt wird?

d) In die Urne werden zusätzlich zwei weiße Kugeln gelegt. Mit welcher Wahrscheinlichkeit werden zwei verschiedenfarbige Kugeln genommen, wenn die erste Kugel nicht zurückgelegt wird?

Aufgabe 3

Ein regulärer Würfel wird 2-mal geworfen. Berechne die Wahrscheinlichkeiten für die folgenden Ereignisse.

a) Es wird zweimal eine 6 geworfen.

b) Es werden zwei gleiche Zahlen geworfen.

c) Die geworfene Augensumme beträgt mindestens 10.

d) Die geworfene Augensumme ist eine Primzahl.

e) Die Augenzahl im ersten Wurf ist kleiner als die im zweiten Wurf.

Aufgabe 4

Die Hämophilie A (umgangssprachlich: Bluterkrankheit) ist vererbbar. Das die Krankheit auslösende Gen liegt auf dem X-Chromosom. Die Wahrscheinlichkeit, dass dieses Chromosom vererbt wird, ist 0,5. Männer verfügen über ein XY-Chromosomenpaar und Frauen über ein XX-Chromosomenpaar. Das Chromosomenpaar des Kindes entsteht aus je einem Chromosom des Vaters und der Mutter.

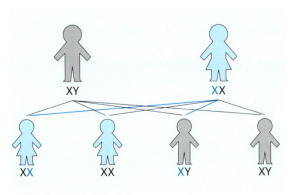

a) Eine Schwangere ist Trägerin genau eines defekten Gens. Der Vater ihres Kindes hat das die Krankheit auslösende Gen nicht.
Mit welcher Wahrscheinlichkeit hat ihre Tochter das Gen?

b) Bestimme mithilfe von Baumdiagrammen, mit welcher Wahrscheinlichkeit Eltern, von denen mindestens einer Träger der Bluterkrankheit ist, einen Sohn bekommen, der Träger des defekten Chromosoms ist.
Betrachte mehrere Fälle.

Gemischte Aufgaben

Dart

Darten erfreut sich immer größerer Beliebtheit.
Die folgende Abbildung zeigt die Abmessungen einer Darts-Scheibe (in mm).

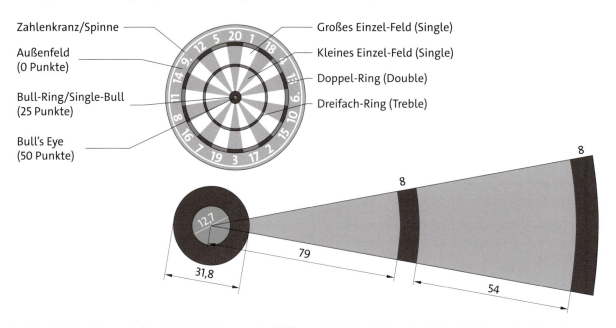

Bei der Weltmeisterschaft wird die Spielvariante „501" gespielt. Hierbei beginnt jeder Spieler mit 501 Punkten. Die Spieler werfen abwechselnd drei Pfeile auf die Scheibe. Nach jedem Wurf wird die Anzahl Punkte abgezogen, die mit dem Pfeil getroffen wurde. Hierbei zählen die Punkte im Doppel-Ring doppelt und die Punkte im Dreifach-Ring dreifach. Das Spiel gewinnt derjenige Spieler, der zuerst mit genau 0 Punkten abschließt, wobei das Spiel mit einem Treffer in den äußeren Doppel-Ring oder im Bull's Eye beendet werden muss.

a) Ein Profi beginnt das Spiel „501" mit einer Dreifach-20, einer Dreifach-19 und einer 20. Mit welchen der folgenden Rechnungen lässt sich der neue Punktestand bestimmen? Begründe deine Auswahl und korrigiere falsche Lösungen.
(1) $501 - (3 \cdot 20 - 3 \cdot 19 - 20)$
(2) $501 - 3 \cdot 20 + 19 - 20$
(3) $501 - 4 \cdot 20 - 3 \cdot 19$

b) Ein 9-Darter ist das perfekte Spiel, d. h. der Spieler benötigt genau neun Darts, um das Spiel zu beenden. Finde mindestens eine Möglichkeit, das Spiel „501" mit neun Würfen zu beenden. Beachte, dass das Spiel mit einem Treffer im Doppel-Ring oder im Bull's Eye beendet werden muss.

c) Berechne den Flächeninhalt des Bull's Eye und des Bull-Rings.

d) Eine Dartscheibe hat einschließlich des Außenfeldes einen Umfang von 12,57 dm. Berechne den Durchmesser und den Radius einer Dartscheibe.

e) Ein Profi trifft das Bull's Eye bei 20 Würfen achtmal. Zeige, dass er das Feld mit einer Wahrscheinlichkeit von 40 % trifft.

f) Wie groß ist die Wahrscheinlichkeit, dass der Profi das Bull's Eye bei zwei Würfen zweimal trifft?

Pro Teilaufgabe sind 2 Punkte erreichbar. Gesamtpunktzahl: 12

Gotthard-Basistunnel

Der Gotthard-Basistunnel ist mit einer Länge von 57 km der längst Tunnel der Welt. Der Tunnel wurde überwiegend mit Tunnelbohrmaschinen errichtet, deren Bohrköpfe einen Durchmesser von 9,5 m besitzen.
Täglich fahren 260 Güterzüge und 65 Passagierzüge durch die beiden Röhren des Tunnels.

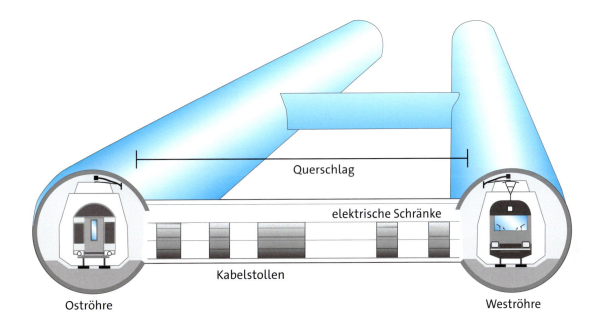

a) Bis zur Eröffnung des Gotthard-Basistunnels war der 53,8 km lange Seikan-Eisenbahntunnel zwischen den japanischen Hauptinseln Hokkaido und Honshu der längste Tunnel der Welt. Um wie viel Prozent konnte der alte Tunnelweltrekord gesteigert werden?

b) 85,5 km der Hauptröhren wurden innerhalb von acht Jahren mit insgesamt vier Tunnelbohrmaschinen (die sich aufeinander zu bewegten) aus dem Berg gebrochen. Zeige durch Rechnung, dass dies einer durchschnittlichen Vortriebsleistung von ca. 7,3 m pro Tag und Tunnelbohrmaschine entspricht.

c) Güterzüge erreichen im Gotthard-Basistunnel eine Durchschnittsgeschwindigkeit von bis zu 160 km/h. Wie lange benötigt ein Güterzug, um den Gotthard-Basistunnel zu durchfahren?

d) Passagierzüge benötigen ca. 15 Minuten, um den Gotthard-Basistunnel zu durchfahren. Mit welcher Geschwindigkeit sind die Passagierzüge durchschnittlich unterwegs?

e) Für die Querschläge, die einen Durchmesser von 5 m besitzen und die Ost- mit der Weströhre verbinden, wurden jeweils 785 m³ Material aus dem Berg gebrochen. Wie lang sind die Querschläge?

Die ursprünglich 146,6 m hohe Cheops-Pyramide hatte ursprünglich ein Volumen von 2,6 Millionen Kubikmetern.

f) Berechne die Seitenlänge der quadratischen Grundfläche der Cheops-Pyramide.

g) Mathis behauptet: „Für eine Hauptröhre wurde viel mehr Material aus dem Berg gebrochen als für den Bau der Cheops-Pyramide." Überprüfe, ob die Aussage von Mathis richtig ist.

Pro Teilaufgabe sind 2 Punkte erreichbar. Gesamtpunktzahl: 14

Ice Bucket Challenge

Die „Ice Bucket Challenge" war eine als Spendenkampagne gedachte Aktion, mit der auf die Nervenkrankheit ALS aufmerksam gemacht werden sollte. Die Idee der „Ice Bucket Challenge" ist denkbar einfach: Die Herausforderung besteht darin, sich einen Eimer mit eiskaltem Wasser über den Kopf zu gießen und danach drei Personen zu nominieren, die es einem binnen 24 Stunden gleich tun. Zudem sollten die Nominierten Geld an die ALS Association spenden. Weltweit übergossenen sich Tausende von Menschen mit Eiswasser und stellten Videos der Aktionen in sozialen Netzwerken ein.

a) Angenommen ein Mensch begann diese Aktion am 31. Juli. Wie viele Menschen wurden für den 01. August (02. August) nominiert?

b) Gib einen Term an, mit dem sich die Anzahl der Nominierten für den x. August berechnen lässt.

c) Ergänze die folgende Tabelle:

Tag	31. 07.	01. 08.	02. 08.	03. 08.	04. 08.	05. 08.	06. 08.	07. 08.	08. 08.
Teilnehmer am Tag	1	3							
Teilnehmer insgesamt (seit dem 31. 07.)	1	4	13						9841

d) Jan hat die Tabelle aus Aufgabenteil c) mit Hilfe eines Tabellenkalkulationsprogramms erstellt.

◇	A	B	C	D
1	Datum	Tag	Teilnehmer am Tag	Teilnehmer insgesamt
2	31.07.	0	1	1
3	01.08.	1	3	4
4	02.08.	2	9	13
5	03.08.	3	27	40

In welcher Zelle steht die Formel „= D3 + C4"?
Welche Formel kann in der Zelle C5 stehen?

e) Stelle die Zuordnung *Tag → Teilnehmer am Tag* in einem Funktionsgraphen dar ($0 \leq x \leq 8$).

f) An welchem Tag nahmen 59 049 Personen an der „Ice Bucket Challenge" teil? Schätze zunächst und berechne dann.

g) Auf der Erde leben etwa 7,4 Milliarden Menschen. Zeige, dass theoretisch am 21. 08. die letzten Menschen an dieser Aktion teilnahmen.

h) Unter welchen Voraussetzungen ist das hier verwendete mathematische Modell korrekt?

Pro Teilaufgabe sind 2 Punkte erreichbar. Gesamtpunktzahl: 16

Riesenrad

Seit der Eröffnung im Jahr 2014 gilt der „Las Vegas High Roller", der eine Höhe von fast 168 m und einen Durchmesser von 158,5 m besitzt, als größtes Riesenrad der Welt. Der „Las Vegas High Roller" hat insgesamt 28 Gondeln, die 1120 Menschen gleichzeitig Platz bieten. Für eine Umrundung benötigt das Rad etwa eine halbe Stunde. Der „Las Vegas High Roller" löst den „Singapore Flyer" als weltweit größtes Riesenrad ab. Der „Singapore Flyer" besitzt einen Radumfang von 471 m und dreht sich mit einer Geschwindigkeit von 0,76 km/h.

a) Was wird mit dem Term 1120 : 28 berechnet?

b) Melissa behauptet: „Wenn das Riesenrad an einem Tag 15 Stunden in Betrieb ist, können an diesem Tag bis zu 16 800 Personen das Riesenrad benutzen." Ist Melissas Behauptung richtig oder falsch? Begründe deine Meinung.

c) Berechne den Radumfang des „Las Vegas High Roller".

d) Bestimme die Geschwindigkeit, mit der sich das Rad des „Las Vegas High Roller" dreht.

e) Berechne den Durchmesser des „Singapore Flyer".

f) Wie lange benötigt der „Singapore Flyer" für eine Umrundung.

g) Der Hoover Damm liegt etwa 40 km von Las Vegas entfernt. Ist es möglich, dass man ihn aus einer Gondel vom höchsten Punkt des „Las Vegas High Roller" sehen kann? Nutze zur Berechnung die folgende Abbildung. Erkläre zunächst die in der Abbildung angegebenen Größen.

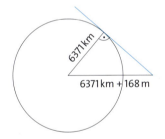

Pro Teilaufgabe sind 2 Punkte erreichbar. Gesamtpunktzahl: 14

51

Erstes Prüfungsbeispiel

Teil A – ohne Tafelwerk und Taschenrechner

a) Berechne.

a_1)   27,4 + 0,673 + 244 =

a_2) $\frac{1}{3} : \frac{4}{9} =$

a_3) $10^x = 1\,000\,000$

     $x =$

a_4)   Bodo verwirft 6 von 24 Siebenmetern. Wie viel % beträgt seine Trefferquote?

b) Welche Datenreihe hat das arithmetische Mittel 6?

   A   4, 5, 6, 7, 8   **B**   1; 6   **C**   6, 5, 5, 8   **D**   0, 1, 2, 3

c) Ordne die Zahlen der Größe nach. Beginne mit der kleinsten Zahl.

   $\frac{5}{6}; 1{,}3; \frac{11}{10}; \sqrt{0{,}36}; -\frac{13}{10}$

d) Schreibe als Term und berechne: Subtrahiere vom Produkt der Zahlen 0,125 und $\frac{1}{8}$ die Zahl $\frac{1}{64}$.

e) Die Zahl 50 wird um 20 % vergrößert, die so entstandene Zahl wiederum um 20 %, und diese ein drittes Mal erneut um 20 %. Um wie viel Prozent ist die so erhaltene Zahl größer als 50?

   A   60 %   **B**   72,8 %   **C**   160,0 %   **D**   58,4 %

f) Wie groß ist der Winkel β in der abgebildeten Figur, wenn $\alpha = 50°$ und $\gamma = 100°$ groß ist.

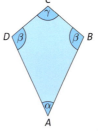

   A   110°

   B   210°

   C   150°

   D   105°

g) Die abgebildeten Gefäße werden gleichmäßig mit Flüssigkeit gefüllt.
Ordne jedem Gefäß den Graphen zu, der dessen Füllvorgang zutreffend beschreibt.

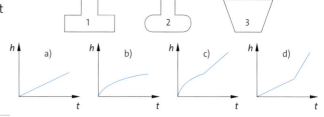

h) Der Berzdorfer See (s. Abb.) hat eine Fläche von ca. 10 km².
Er ist etwa zweieinhalbmal so lang wie breit.
Der Rundweg um den See hat deshalb eine Länge von rund

   A   1,5 km   **B**   14 km   **C**   2 km   **D**   5 km.

Berzdorfer See

Pro Teilaufgabe sind folgende Punkte erreichbar: a) 4, b) 1, c) 1, d) 2, e) 1, f) 1, g) 1, h) 1. Gesamtpunktzahl: 12

Teil B

Pflichtaufgabe 1: Schulspeisung

Von den 1250 Schülerinnen und Schülern eines Berufsschulzentrums sind 56 % Mädchen.
In die Mensa gehen 72 % der Mädchen und 35 % der Jungen.

a) Wie viele Jungen und wie viele Mädchen gehen in die Mensa?

b) Wie viele Schüler nehmen nicht teil?

c) Stelle die drei Anteile in einem Kreisdiagramm dar.

Pflichtaufgabe 2: Prisma

Die Zeichnung stellt ein Metallteil in der Form eines Prismas dar
(Angaben in cm).

a) Berechne die Größe der vorderen, blauen Fläche.

b) Bestimme das Volumen des Werkstücks.

c) Welche Masse hat das Werkstück, wenn es aus Aluminium besteht.
   1 cm³ Aluminium wiegt 2,7 g.
   Gib die Masse in Kilogramm an.

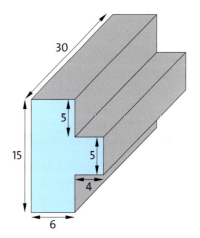

Pflichtaufgabe 3: Pizza

Zur Neueröffnung der Pizzeria „Bella Italia" lässt der
Besitzer seine Besucher am Glücksrad drehen.

a) Herr Wagner dreht am Glücksrad.
   Wie groß ist die Wahrscheinlichkeit, dass er beim
   ersten Drehen das Feld „Pizza kostenlos" trifft?

b) Frau Wagner dreht erst auf das Feld „erneut drehen"
   und dann das Feld „30 % Rabatt".
   Bestimme die Wahrscheinlichkeit für dieses Ereignis.

c) Frau Wagner meint, dass die Wahrscheinlichkeit, den
   normalen Preis zahlen zu müssen, bei 50 % liegt.
   Ist die Aussage von Frau Wagner richtig? Begründe.

d) Die kleine Pizza „Tonno" kostet regulär 7,50 Euro. Frau
   Wagner erhält auf ihre Pizza einen Rabatt von 30 %.
   Welchen Preis muss Frau Wagner für ihre Pizza
   bezahlen?

e) Herr Wagner isst besonders gerne den knusprigen
   Rand der Pizza. Jede Pizza hat außen herum eine
   1,5 cm breite Randfläche, die nicht belegt ist.
   Bestimme die Größe der nicht belegten Fläche bei einer kleinen Pizza, wenn deren Durchmesser 24 cm
   beträgt.

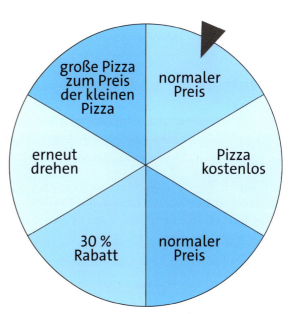

Pro Teilaufgabe sind folgende Punkte erreichbar: Aufg. 1: a) 2, b) 1, c) 2, Aufg. 2: a) 1, b) 1, c) 2, Aufg. 3: a) 1, b) 1, c) 2, d) 1, e) 2.
Gesamtpunktzahl: 16

Pflichtaufgabe 4: Windkraftanlagen

Heutige Windkraftanlagen verfügen nahezu immer über drei Rotorblätter. Anlagen des Typs GE 120-n, die an Land betrieben werden, haben eine Blattlänge von 65 m. Die Naben befinden sich in einer Höhe von 120 m.

a) Die sich drehenden Rotorblätter beschreiben eine Kreisfläche. Bestimme die Größe dieser Kreisfläche.

b) Sebastian beobachtet, dass ein Rotorblatt für eine vollständige Umdrehung 6 s benötigt.

    b_1)   Zeige, dass die Spitze des Rotorblattes bei einer vollständigen Umdrehung ca. 400 m zurücklegt.

    b_2)   Gib die Geschwindigkeit des Rotorblattes in km/h an.

c) Der Abstand (A) zwischen zwei Windkraftanlagen ist abhängig von der Nabenhöhe (n) und der Länge der Rotorblätter (r). Es gilt: $A = 3 \cdot (n + 2r)$.

    c_1)   Annalena behauptet: „Der Mindestabstand zwischen zwei Windkraftanlagen ist die dreifache Länge von Nabenhöhe und Kreisdurchmesser der von den Rotorblättern beschriebenen Kreisfläche." Ist die Aussage von Annalena richtig? Begründe.

    c_2)   Zeige, dass der Mindestabstand von zwei Windkraftanlagen des Typs GE 120-n 750 m beträgt.

d) Eine solche Windkraftanlage erzeugt den Strom für etwa 1500 Haushalte. Die Gemeinde Stromingen hat 12 180 Haushalte. Wie viele Windkraftanlagen muss die Gemeinde errichten lassen, damit der Strom für alle Haushalte durch Wind erzeugt wird?

In einem Windpark stehen zahlreiche Windkraftanlagen in Reihen. Der Abstand zwischen den Windkraftanlagen beträgt jeweils 800 m.

e) Berechne den Abstand zwischen zwei Reihen mit Windkraftanlagen.

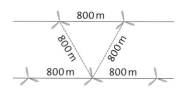

Pflichtaufgabe 5: Wasserlinsen

Wasserlinsen können sich unter günstigen Bedingungen auf einer Wasseroberfläche sehr schnell ausbreiten. Die von ihnen bedeckte Fläche kann sich an jedem Tag verdoppeln.

a) Ein fast rechteckiger Feuerwehrteich ist 60 Meter lang und 45 Meter breit. Berechne die Größe der Wasserfläche. Gib das Ergebnis in m² an.

b) Zu Beginn der Untersuchungen sind 14 m² der Wasseroberfläche mit Wasserlinsen bedeckt. Berechne die bedeckte Fläche nach 1, 2, 3, 4 und 5 Tagen. Trage die Werte in eine Tabelle ein.

c) Zeichne den Graphen der Zuordnung in ein Koordinatensystem. Beschrifte die Achsen des Koordinatensystems.

d) Nach wie vielen Tagen wäre der gesamte Teich mit Wasserlinsen bedeckt?

e) Welche Funktionsgleichung beschreibt den Wachstumsvorgang richtig? Begründe deine Entscheidung.

    A: $f(x) = 2^x + 14$ B: $f(x) = 14x^2$ C: $f(x) = 14 \cdot 2^x$ D: $f(x) = 2 \cdot x + 14$

Pro Teilaufgabe sind folgende Punkte erreichbar: Aufg. 4: a), b1), b2), c1), c2), d), e) je 1, Aufg. 5: a) 1, b) 2, c) 2, d) 1, e) 1.
Gesamtpunktzahl: 14

Wahlaufgabe 1: Beim Golf

In einem Loch beim Golf (engl. „hole") befindet sich ein Einsatz aus Kunststoff oder Metall. Der Einsatz hat die Form eines Kreiszylinders, der 10 Zentimeter in den Boden reicht und einen Durchmesser von 108 mm hat. Der Durchmesser von Golfbällen beträgt 43 mm.

a) Bestimme das Volumen des zylindrischen Einsatzes.

Die Flugbahn eines Golfballes entspricht einer Parabel mit der Funktionsgleichung $f(x) = -0,01x^2 + 1,2x$.

b) Berechne die Höhe des Golfballs in einer Entfernung von 50 m vom Abschlag.

c) Bestimme die Nullstellen der quadratischen Funktion und gib die Bedeutung der Nullstellen im Sachzusammenhang an.

d) In welcher Entfernung vom Abschlag erreicht der Golfball eine Höhe von 20 m?

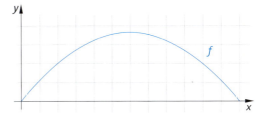

Wahlaufgabe 2: Schwimmbecken

Ein Hausbesitzer möchte im Garten seines Hauses ein Schwimmbecken bauen. Es soll quaderförmig sein und eine Tiefe von 2 m haben. Die Wandstärke beträgt 0,25 m.

Die Innenmaße sollen aus Gründen des optischen Wohlgefallens dem „goldenen Schnitt" entsprechen, das heißt, Länge (*a*) und Breite (*b*) stehen in einem besonderen Verhältnis zueinander,

und zwar: $\frac{a+b}{a} = \frac{a}{b}$.

a) Die Seite *a* soll eine Länge von 8 m haben. Berechne die Länge der Seite *b*.

Der Bauherr entschließt sich, das Becken mit einer Länge von 8 m und einer Breite von 5 m zu bauen. Zunächst muss eine Grube mit den Maßen 8,5 m Länge, 5,5 m Breite und 2,25 m Tiefe ausgehoben werden.

b) Berechne die Aushubmenge in m^3.

c) Der bestellte Bagger kann pro Stunde 18 m^3 ausheben und kostet pro Stunde 55 Euro. Berechne die Zeit und die Kosten für den Bagger.

d) Berechne die zu fliesende Fläche in m^2.

Pro Teilaufgabe sind folgende Punkte erreichbar: Aufg. 1: a) 2, b) 1, c) 2, d) 3, Aufg. 2: a) 3, b) 1, c) 2, d) 2. Gesamtpunktzahl: 16

Zweites Prüfungsbeispiel

Teil A – ohne Tafelwerk und Taschenrechner

a) Berechne.

a_1) $28,9 \cdot \frac{1}{4}$

a_2) $0,52 \, m^3 + 120 \, l$

a_3) $\left(\frac{1}{8} + \frac{1}{5}\right) \cdot 3 \frac{1}{13}$

a_4) 51 % von 1600 €

b) Aus einem zylinderförmigen Korken mit $d = h$ wurde der nebenstehende Körper herausgeschnitten.
Welche Öffnungen könnte man mit ihm verschließen?

  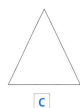 

   A   B   C   D

c) Forme die Summe in ein Produkt um. $18 \, xy + 6 \, x$

d) Welche Formel muss man in Zelle A7 programmieren, um den Mittelwert der fünf Zahlen zu erhalten?

	A	B
1	2,10	
2	1,91	
3	1,88	
4	2,05	
5	2,00	
6		
7	1,99	
8		

  A   Mittelwert (A1–A5)   **B**   = Durchschnitt (A1 : A5)

  C   = Mittelwert (A1 : A5)   **D**   = ARITHMITTEL (A1 : A5)

e) Ein Regenschauer brachte 2 Liter Wasser pro Quadratmeter Erdoberfläche. Wie viele Liter Wasser fielen auf das Schuppendach (s. Abb.)?

f) Ein Taxifahrer fährt einen Kunden von A-Dorf nach B-Stadt. Er legt insgesamt 60 km zurück, jedoch ist sein Hinweg um 6 km kürzer als sein Rückweg. Paul stellt folgende Gleichung auf: $x + (x - 6) = 60$. Welche Bedeutung hat die Variable x im Sachzusammenhang?

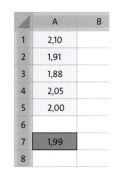

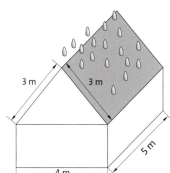

g) Bestimme den fehlenden Wert n so, dass der Punkt $A\,(2\,|\,10)$ auf dem Funktionsgraphen der Funktion liegt. $g(x) = 2x + n$

h) Setze = oder ≠ richtig ein.

h_1) $x \cdot (4 + x) \bigcirc (4 + x) \cdot x$ h_2) $x \cdot (4 - x) \bigcirc x \cdot (x - 4)$

i) Die meisten Gläser haben eine zylindrische Form. Gib das Volumen des Glases in cm^3 an, wenn es genau 0,2 Liter fassen soll.

Pro Teilaufgabe sind folgende Punkte erreichbar: a) bis i) je 1. Gesamtpunktzahl: 12

Teil B

Pflichtaufgabe 1: Renovierung

Für die Renovierung seines Hauses bekommt Herr Geizig folgenden Kostenvoranschlag:
Putzarbeiten: 6850 €
Fliesenarbeiten: 5500 €
Malerarbeiten: 2150 €
Berechne die Endsumme, die Herr Geizig bezahlen muss, wenn

a) die Firma ihm einen Nachlass von 15 % für Eigentätigkeit gibt.

b) er auf die Restsumme 19 % Mehrwertsteuer bezahlen muss.

Durch Insolvenz der Fliesenfirma verteuern sich die Fliesenarbeiten auf 6200 €.

c) Um wie viel € verteuert sich die Renovierung dadurch?

Pflichtaufgabe 2: Fahrrad fahren

Tim wohnt in Budens und Jonas in Hilsen. Wenn Tim mit dem Fahrrad zu Jonas möchte, muss er von Budens über Harpen nach Hilsen fahren. Nächstes Jahr soll endlich eine Brücke über den See gebaut werden, sodass Tim direkt über die Brücke zu Jonas fahren kann.

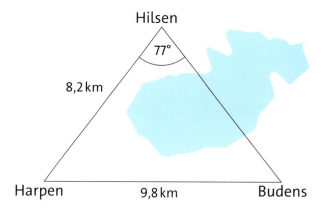

a) Wie viele Kilometer spart Tim dann für eine Fahrt ein?

b) Der See hat etwa die Fläche des Dreiecks Harpens-Budens-Hilsen. Berechne seine Fläche.

Pro Teilaufgabe sind folgende Punkte erreichbar: Aufg. 1: a) 3, b) 2, c) 2, Aufg. 2: a) 4, b) 2. Gesamtpunktzahl: 13

Pflichtaufgabe 3: Lineare Funktion

Im Koordinatensystem ist eine lineare Funktion f abgebildet.

a) Gib die Funktionsgleichung an.

b) Überprüfe, ob der Punkt $P(8|3)$ auf der Geraden der Funktion f liegt.

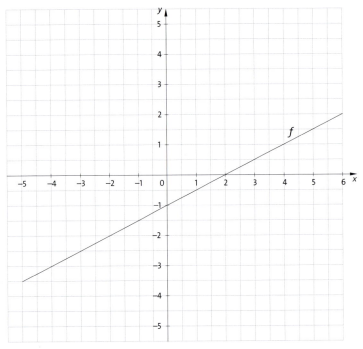

c) Zeichne eine Gerade g, die zu der abgebildeten Geraden parallel und durch den Punkt $S(6|4)$ verläuft. Gib die Gleichung dieser Geraden an.

d) Eine dritte Gerade h geht durch die Punkte $R(0|5)$ und $T(2|0)$. Gib den Flächeninhalt des Dreiecks an, das durch die y-Achse und die beiden sich schneidenden Geraden f und h gebildet wird.

Pflichtaufgabe 4: Urne

Eine Urne enthält 2 rote, 3 blaue und 5 gelbe Kugeln. Nacheinander werden zwei Kugeln mit Zurücklegen genommen.

a) Zeichne das Baumdiagramm und bestimme die Wahrscheinlichkeit für folgendes Ereignis:
Die zweite Kugel ist rot oder blau.

b) Wie kann man ohne großen Rechenaufwand die Wahrscheinlichkeit für das Ereignis „Die zweite Kugel ist grün." ermitteln?

Pflichtaufgabe 5: Designervase

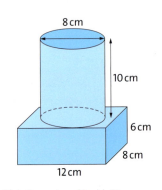

Die nebenstehende Designervase soll bis zu 5 cm unterhalb des Randes mit Wasser gefüllt werden.

a) Berechne das Volumen in Litern und gib an, zu wie viel Prozent die Vase mit Wasser gefüllt ist.

b) Die Vase besteht aus 1 mm starkem Blech. Wie viel wiegt die leere Vase in Kilogramm bei einer Dichte von 2,57 g/cm³?

Pro Teilaufgabe sind folgende Punkte erreichbar: Aufg. 3: a)-c) je 1, d) 4, Aufg. 4: a) 4, b) 1, Aufg. 5: a) 3, b) 4. Gesamtpunktzahl: 19

Wahlaufgabe 1: Algenbildung

Algenbildung

Flache Seen neigen u. a. aufgrund der höheren Wassertemperaturen zur Algenbildung. Diese Algen können die bestehende Flora und Fauna nahezu vollständig verdrängen. Im Jahr 2010 beginnt eine Untersuchung an einem See, bei dem eine Forschergruppe auf einer Fläche von ca. 100 m² eine Algenart entdeckt hat, von der bekannt ist, dass sie schnell wächst. Die befallene Fläche vergrößert sich innerhalb von einem Monat (30 Tage) um das 1,2-fache.

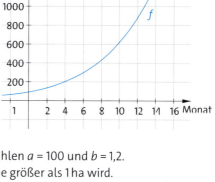

a) Der See ist nahezu kreisrund und hat einen Durchmesser von 1,5 km. Berechne die Größe der Wasserfläche.

b) In nebenstehender Grafik ist der Verlauf des Flächenwachstums der Algen dargestellt.

    b_1) Gib die befallene Fläche nach vier Monaten und nach einem Jahr an.

    b_2) Bestimme den Zeitpunkt, an dem 600 m² der Seefläche befallen sind.

c) Das Flächenwachstum der Algen ist exponentiell. Es kann durch die Funktion $f(x) = 100 \cdot 1,2^x$ beschrieben werden.

    c_1) Erkläre die Bedeutung der im Funktionsterm vorkommenden Zahlen $a = 100$ und $b = 1,2$.

    c_2) Ermittle durch Probieren den Monat, in dem die befallene Fläche größer als 1 ha wird.

d) Zwei Jahre nach Beobachtungsbeginn setzt die Forschungsgruppe Fische im See aus, die sich vorwiegend von Algen ernähren und somit ideale Wachstumsbedingungen vorfinden. In jährlichem Abstand wird der Fischbestand erfasst. Untenstehende Tabelle zeigt die Bestände:

Jahr	2013	2014	2015	2016
Bestand	30	46	70	107

    d_1) Prognostiziere den Bestand für das Jahr 2020.

    d_2) Bestimme (durch systematisches Probieren) das Jahr, in dem die Anzahl von 5000 Fischen überschritten wird.

    d_3) Begründe, warum dieses mathematische Modell nur für eine begrenzte Anzahl von Jahren sinnvoll sein kann.

Wahlaufgabe 2: Schwimmbecken

Ein Schwimmbecken ist 8 m lang, 5 m breit und 2 m tief. Um das Becken herum soll ein kreisförmiger Ring aus schwarzen Pflastersteinen gelegt werden.

a) Berechne die Länge der zu umrandenden Fläche.

b) Berechne die Kosten der Pflastersteine die gebraucht werden, wenn ein Stein 12 cm breit ist und 35 ct kostet.

c) Die freie Fläche innerhalb des Pflasterkreises soll mit roten Steinen ausgelegt werden. Berechne, wie viel m² von diesen Steinen gebraucht werden.

d) Zuletzt wird das Becken zu $\frac{4}{5}$ mit Wasser gefüllt. Die Füllpumpe schafft 1200 l pro Stunde. Berechne die Füllmenge und die Zeit, die zum Befüllen des Beckens gebraucht wird.

Pro Teilaufgabe sind folgende Punkte erreichbar: Aufg. 1: pro Teilaufgabe je 1, Aufg. 2: a)-d) je 2. Gesamtpunktzahl: 16

Trainingsplan zur Prüfungsvorbereitung

	Schwerpunkte	Grundfertigkeiten	Das kann ich gut …	Das muss ich noch üben …
Zahlen, Größen, Potenzen, Wurzeln, Prozente	Zahlen	_____ / 10		
	Größen	_____ / 14		
	Prozentrechnung	_____ / 11		
	Zinsrechnung	_____ / 10		
	Potenzen und Wurzeln	_____ / 14		
Terme und Gleichungen	Terme	_____ / 12		
	Lineare Gleichungen	_____ / 11		
	Lineare Gleichungssysteme	_____ / 8		
	Quadratische Gleichungen	_____ / 11		
Zuordnungen und Funktionen	Zuordnungen	_____ / 8		
	Lineare Funktionen	_____ / 10		
	Quadratische Funktionen	_____ / 11		
	Exponentialfunktionen	_____ / 10		
Geometrie	Rechtwinklige Dreiecke	_____ / 9		
	Geometrie in der Ebene	_____ / 10		
	Geometrie im Raum	_____ / 10		
Statistik und Wahrscheinlichkeit	Beschreibende Statistik	_____ / 8		
	Wahrscheinlichkeitsrechnung	_____ / 11		

	Aufgaben	Punkte	Das kann ich gut …	Das muss ich noch üben …
Gemischte Aufgaben	Dart	_____ / 12		
	Gotthard-Basistunnel	_____ / 14		
	Ice Bucket Challenge	_____ / 16		
	Riesenrad	_____ / 14		
Prüfungsbeispiel I	Teil A	_____ / 12		
	Teil B Pflichtaufgabe 1 bis 3	_____ / 16		
	Teil B Pflichtaufgabe 4 u. 5	_____ / 14		
	Teil B Wahlaufgabe 1 und 2	_____ / 16		
Prüfungsbeispiel II	Teil A	_____ / 12		
	Teil B Pflichtaufgabe 1 u. 2	_____ / 13		
	Teil B Pflichtaufgabe 3 bis 5	_____ / 19		
	Teil B Wahlaufgabe 1 und 2	_____ / 16		

Operatorenübersicht

Bezeichnung des Operators	Beschreibung des Operators	Beispiel	Beispiel im Arbeitsheft
abschätzen / schätzen / überschlagen / vermuten	durch begründete Überlegungen Angaben machen	Schätze die Länge der ersten Etappe ab. oder: Überschlage durch Rechnung, ob die Farbe ausreicht. oder: Vermute, wie lang man für die Arbeit benötigt.	S. 6/1; S. 8/6; S. 23/3b; S. 25/3e; S. 38/6b; S. 50/f
angeben / ablesen / ergänzen	Elemente, Sachverhalte, Begriffe oder Daten mit einer kennzeichnenden Angabe versehen.	Gib eine geeignete Formel für die Zelle B4 an. oder: Ergänze im Baumdiagramm die fehlenden Wahrscheinlichkeiten.	S. 7/1c; S. 7/2a; S. 11/1a; S. 17/4a; S. 20/1b
begründen	einen Sachverhalt oder eine Aussage argumentativ auf Gesetzmäßigkeiten oder kausale Zusammenhänge zurückführen	Begründe, ob es sich tatsächlich um ein Sonderangebot handelt.	S. 17/4b; S. 25/1a; S. 27/2a; S. 27/4a; S. 35/12d; S. 37/4; S. 43/10b; S. 45/2c
berechnen / lösen	durch Rechenoperationen zu einem Ergebnis gelangen und die Rechenoperation dokumentieren	Berechne das Volumen des abgebildeten Zylinders. oder: Löse das folgende Gleichungssystem.	S. 7/1d; S. 9/2b; S. 11/1b; S. 12/2; S. 12/3; S. 13/1; S. 15/2; S. 19/1; S. 19/3; S. 21/1d
beschreiben	Aussagen, Sachverhalte, Strukturen u. Ä. in eigenen Worten strukturiert und fachsprachlich wiedergeben	Beschreibe, wie du die Anzahl der Kugeln in der Tasse abgeschätzt.	S. 43/11c
bestätigen / nachweisen / zeigen	einen Sachverhalt oder eine Behauptung unter Verwendung von Berechnungen auf bekannte, gültige Aussagen zurückführen	Weise nach, dass die Behauptung falsch ist. oder: Bestätige Christians Aussage. oder: Zeige, dass sich der Korbring in einer Höhe von 3 m befindet.	S. 17/2b; S. 48/e; S. 49/b; S. 50/g
bestimmen / ermitteln	einen Zusammenhang oder möglichen Lösungsweg aufzeigen und das Ergebnis formulieren	Bestimme den Wert der Unbekannten x.	S. 9/4a; S. 14/2; S. 15/4b; S. 17/2a; S. 18/7; S. 20/7; S. 21/2; S. 27/4c; S. 29/2; S. 34/8b; S. 35/10a

Bezeichnung des Operators	Beschreibung des Operators	Beispiel	Beispiel im Arbeitsheft
beweisen	im mathematischen Sinn zeigen, dass eine Behauptung/Aussage richtig ist, z.B. unter Verwendung bekannter mathematischer Sätze, Formeln und Äquivalenzumformungen.	Beweise, dass die Innenwinkelsumme im Dreieck 180° beträgt.	
darstellen	Sachverhalte o.Ä. strukturiert fachsprachlich oder grafisch wiedergeben und Bezüge sowie Zusammenhänge aufzeigen	Stelle die Vermehrung einer Blattlaus für einen Zeitraum von drei Wochen in einem geeigneten Koordinatensystem dar.	S. 11/4c; S. 45/2a; S. 50/e
entscheiden	bei Alternativen sich begründet und eindeutig auf eine Möglichkeit festlegen	Entscheide, welche der folgenden Terme zu dieser Problemstellung passt.	S. 22/11; S. 24/5; S. 31/1
erläutern	Sachverhalte o.Ä. so darlegen und veranschaulichen, dass sie verständlich werden.	Erläutere, warum die Funktion $y = -0{,}5x + 43$ die Lage des oberen Seils beschreibt.	S. 34/7b
erstellen	Sachverhalte und Methoden zielgerichtet in einen Zusammenhang bringen	Erstelle eine Lösungsplan.	S. 15/4d; S. 25/3c
ordnen	Sachverhalte begründet in einen genannten Zusammenhang stellen	Ordne die Volumen der folgenden Körper von klein nach groß.	S. 9/1a; S. 7/1b; S. 14/12
skizzieren	Eine grafische Darstellung so anfertigen, dass die wesentlichen Eigenschaften deutlich werden	Skizziere den Verlauf des Fallschirmsprungs im vorhandenen Koordinatensystem.	S. 15/3b; S. 43/11a
überprüfen / prüfen	Sachverhalte, Aussagen oder Ergebnisse an Gesetzmäßigkeiten messen, verifizieren oder Widersprüche aufdecken	Überprüfe die Angabe des Herstellers.	S. 25/2; S. 34/5; S. 43/11b; S. 45/3e; S. 49/g
zeichnen	eine hinreichend exakte grafische Darstellung anfertigen	Zeichne den Grafen der Funktion $y = 0{,}5x^2 - 2$ in das angegebene Koordinatensystem.	S. 7/2b; S. 17/2a; S. 21/1a